Michaela Seul

Älterwerden ist kein Grund zum Jaulen

Michaela Seul

Älterwerden ist kein Grund zum Jaulen

Hundeweisheit für mehr Gelassenheit

Patmos Verlag

VERLAGSGRUPPE PATMOS

PATMOS
ESCHBACH
GRÜNEWALD
THORBECKE
SCHWABEN
VER SACRUM

Die Verlagsgruppe
mit Sinn für das Leben

MIX
Papier | Fördert gute Waldnutzung
FSC® C014496
FSC www.fsc.org

Klimaneutral
Druckprodukt
ClimatePartner.com/14549-2003-1001

Die Verlagsgruppe Patmos ist sich ihrer Verantwortung gegenüber unserer Umwelt bewusst. Wir folgen dem Prinzip der Nachhaltigkeit und streben den Einklang von wirtschaftlicher Entwicklung, sozialer Sicherheit und Erhaltung unserer natürlichen Lebensgrundlagen an. Näheres zur Nachhaltigkeitsstrategie der Verlagsgruppe Patmos auf unserer Website www.verlagsgruppe-patmos.de/nachhaltig-gut-leben

Bibliografische Information der Deutschen Nationalbibliothek
Die Deutsche Nationalbibliothek verzeichnet diese Publikation in der Deutschen Nationalbibliografie; detaillierte bibliografische Daten sind im Internet über http://dnb.d-nb.de abrufbar.

Verlagsgruppe Patmos in der Schwabenverlag AG, Ostfildern
www.verlagsgruppe-patmos.de

Gestaltung: Finken & Bumiller, Stuttgart
Abbildungen: TWINS DESIGN STUDIO/shutterstock
Druck: GGP Media GmbH, Pößneck
Hergestellt in Deutschland
ISBN 978-3-8436-1499-3

Inhalt

Durch dick und dünn, jung und alt 9

Laus über die Labradorin 11
Leinenzwang ade 14
Der Hund beißt sich in den Schwanz 16
Bonustrack! 19
Noch ... 22
Herzzeit 24
Jammeralarm 27
Topf und Dackel 29
Wenn nicht jetzt, wann dann? 31
Alterswandel 33
Spiegelbilder 34
Vorbilder 36
Mein Hund, mein Coach 38

Erntezeit! 41

Zahn Los 43
Abgespeist 45
Kuschelpause 47
Alles hat seine Zeit 48
Schnupperkurs Hundeweisheit 50
Erkennungsdienst in der Nase 53

Die 1. Weisheit: Ich will kein Labrador mehr sein 59

60! 62
Selbst gefällig 64
Nein ist keine Kleinigkeit 65
Wenn die Labradorin Zähne zeigt 68

Die 2. Weisheit: Wedeln macht gute Laune 71
Kunstgriff 74
Tutorial Treppenlift 77
Schwer ist leicht was 80
Die Wedel-Währung 82

Die 3. Weisheit: Weitsicht schärft den Blick 85
Es brennt! 87
Fata Morgana 89
Ich sehe das, was du nicht siehst 90
Dellen wellen 92
Wanderpokal Jugend 94

Die 4. Weisheit: Galopp, Trab, Schritt 97
Kreislauf 98
Himbeergeist 101
Auf der Flucht? 103
In der Ruhe liegt die Kraft 105
Leben mit süßem Senf 107

Die 5. Weisheit: Je größer das Revier, desto anstrengender 111
Auf den Hund gekommen 113
Hab Seligkeiten 116
Auf der Jagd 117
Von Bleiben war nie die Rede 119

Die 6. Weisheit: Schwerhörig macht das Leben leichter 121
Hellhörig 124
Ohrstöpsel 126
Dunkelhörig 129

Die 7. Weisheit: Die Klügeren machen sich es bequem 133
Komfortzone 135
Sofaimpressionen 137
Hundehüttenromantik 140
Kachelofenphilosophie 142

Die 8. Weisheit: Vergessen macht frei 145
Hundrum Prophylaxe 146
Damals 149
Gepiekst 152
Draußen ist immer Jetzt 154

Hundephilo-Sofa 156

Weiße weise Schnauze 158

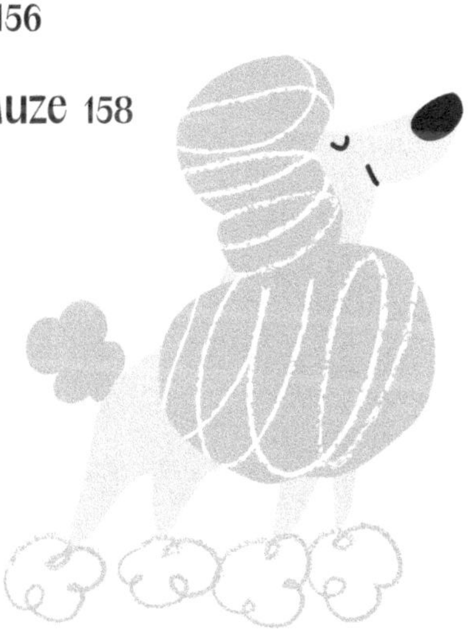

Für meine OMa

Durch dick und dünn, jung und alt

Was war das denn? Prüfend beugte ich mich über den Hund. Flohalarm? Nein, das Ding bewegte sich nicht. Es war weiß und länglich. Wurmalarm? Oder ein Fussel, Staub? Wo war meine Brille schon wieder! Und warum hatte ich dem Hund das noch nicht beigebracht: Such die Lesebrille! Ganz einfach: Weil ich sie dazu stets ordentlich im Etui verstauen müsste. Eingespeichelt nutzt auch die stärkste Lupe nichts.

Ich starrte auf den Hundekopf, kniff die Augen zusammen und zuckte dann zurück, als hätte ich eine Armee Flöhe erblickt. Aber was ich sah, war schlimmer. Es war ... ein weißes Haar! An der Augenbraue. Meine Musterung war dem Hund sehr unangenehm, verlegen leckte er sich über die Mundwinkel. Er hatte doch nichts Schlimmes gemacht? Noch dazu sah er selbst diese weiße Sünde nicht. Er konnte überhaupt nichts dafür! Wie so oft ...

Das liegt daran, dass Zweibeiner komische Regeln aufstellen, die nicht in die Hundewelt passen: Leg dich nicht dorthin, wo es am bequemsten ist, also auf das Sofa, und erst recht nicht dahin, wo es am intensivsten nach Zuhause riecht, nämlich ins Bett. Vernachlässige deine Bedürfnisse, belle nicht, wenn es klingelt, mach dich nicht im Haushalt nützlich als Staubsauger und Vorspüler an der Geschirrspülmaschine, unterziehe Eindringlinge keiner Leibesvisitation, schon gar nicht zwischen den Beinen, und markiere niemals die Grenzen deines Reviers an Gegenständen, die Wäscheständer oder Liegestuhl heißen. Ob das was damit zu tun hat, dass es zusammengesetzte Wörter sind? Zweibeiner sind gaga, das weiß jeder Hund. Aber sie haben auch viele gute Seiten, und die überwiegen für die Hunde, die dank ihrer unglaublich großen Anpassungsfähigkeit, Toleranz und Großherzigkeit gut damit klarkommen.

... Was man von mir nicht behaupten konnte, als ich die gefühlte Floh- und Lausarmee beäugte, die das schöne schwarze Labradorfell brandmarkte. War dies nur ein einziges, ein zufälliges, ein aus der Ordnung gefallenes Haar, eine Laune der Natur? Oder war es der Anfang vom Ende, der Anfang vom Alter, das ja ohnehin schon als schwarze Wolke über mir schwebte. Und zwar in doppelter Hinsicht: Mein Hund und ich, wir sind laut Umrechnungstabelle ungefähr gleich alt. Allerdings überholt mich der Hund mit Riesenschritten, typisch Vierbeinantrieb. Bald wird er mich mehrfach überrundet haben und dann vorausgehen. Und mich zurücklassen. Wenn ich mir das vorstelle, wird mir das Herz schwer. Ich will das nicht denken, denn damit mache ich auch das Herz des Hundes schwer, der alles empfängt, was ich aussende. So wie auch ich Signale aufnehme: Fühlt sich ein Gegenüber alt oder jung – und ihn je nachdem einordne.

Ein Hund ist ein Herz auf vier Beinen, weiß ein irisches Sprichwort. Wenn ich übers Älterwerden jammere oder mich davor fürchte, kommen diese Emotionen beim Hund an, der alles spürt, und dann geht es ihm nicht gut, wenngleich er keine Ahnung hat, warum. Es genügt ihm, dass eine Laus über die Leber von Frauchen gelaufen ist. Darauf reagiert er. Viele Hundehalter glauben irrtümlicherweise, Hunde hätten ein schlechtes Gewissen, wenn sie beispielsweise den Müll einer Kontrolle unterzogen und den Arbeitsschritt „Zurück in den Eimer“ vergessen haben. Aber Hunde reagieren nicht auf ihre scheinbare Missetat, sondern in Sekundenbruchteilen auf die in der Körperspannung und der Ausdünstung ihrer Vorgesetzten erkannten Gefühle, also Ärger, und deshalb ziehen sie den Schwanz ein, ducken sich, wirken verlegen. Sie sind nicht schuldbewusst, sondern mitfühlend. Als treue Gefährten nehmen sie auf, was Herrchen und Frauchen aussenden.

Laus über die Labradorin

Dem Hund ist das weiße Haar egal. Aber wenn ich ein Drama daraus mache, dann ist er bedrückt, und das bedrückt mich. Dabei will ich unsere gemeinsame Zeit, die mit jedem Tag schrumpft, was schrecklich genug ist, doch bewusst genießen. Das Gleiche gilt für mich. Was bringt es mir, der geschwundenen Jugend nachzutrauern und damit die Gegenwart zu vermiesen? Jeder Moment kann schön sein, ich bin es, die darüber entscheidet. Verdirbt mir der Regen die Laune oder halte ich mein Gesicht in den Guss, weil es jetzt sowieso schon egal ist, und denke abends noch an diese Augentropfenblicke? Glückliche gemeinsame Erlebnisse mit meinem Hund wünsche ich mir, das ist ja ohnehin das Einzige, was man der Endlichkeit entgegensetzen kann.

„Ich habe des Öfteren darüber nachgedacht, warum Hunde ein derart kurzes Leben haben, und bin zu dem Schluss gekommen, dass dies aus Mitleid mit der menschlichen Rasse geschieht. Denn da wir bereits derart leiden, wenn wir einen Hund nach zehn oder zwölf Jahren verlieren, wie groß wäre der Schmerz, wenn sie doppelt so lange lebten?“
Sir Walter Scott

Wer sich am Ende seines Lebens an viele schöne Augenblicke erinnert, dem fällt der Abschied leichter. Aber es dauert bis in die zweite Lebenshälfte, ehe wir verstehen, wie kostbar Augenblicke sein können.

Warum nicht ein neues Hobby pflegen wie „Schöne Momente sammeln"? Wenn es gelingt, viele Augenblicke in ihrer Einzigartigkeit zu erkennen, dann sieht die Zukunft, egal wie lang oder kurz sie sein mag, gar nicht mehr so dunkel oder rabenschwarz aus. Wie das Fell meiner Labradorin.

Im Lauf unserer Freundschaft hat sie viele Namen bekommen und ist so freundlich, darauf zu reagieren. „Hund" gehört genauso dazu wie „Spätzelchen" und andere Peinlichkeiten. Viele werden mit einem „klein" eingeleitet: „kleiner Spatz", „kleine Maus". Sie nimmt es mir nicht übel, obwohl es wirklich albern ist, die Größe der Liebe in die Zuschreibung „klein" zu stopfen. Gelassen lässt die kleine Große diese Verniedlichungen an sich abtropfen. Gelassenheit ist eine ihrer herausragenden Tugenden, und diesbezüglich habe ich viel von ihr gelernt. Erst mit den Jahren ist mir klar geworden, wie hilfreich es ist, einiges aus dem Hunde- aufs Menschenleben zu übertragen, anstatt wie üblicherweise den Hund zu vermenschlichen. Heute habe ich den Eindruck, dass mein Hund auch mein Coach ist. Und der heißt Miss Lomax.

Ihr Name ist keinem blauen Blut entsprungen, sondern einem Hörspiel aus den 1960er-Jahren, der Zeit meiner Geburt. Miss Lomax ist in die Pfotenabdrücke ihrer Vorgängerin Luna getreten und hat auch deren Hundeblog übernommen: www.flipper-privat.de. Der wiederum heißt so komisch, weil ich eine Hundekrimiserie geschrieben habe, in der ein Hund namens Flipper ermittelt. Was meinem Hund alles egal ist, aber er hat gelernt, ruhig sitzen zu bleiben, wenn ich das Ding auf ihn richte, das so ähnlich heißt wie er: „Händi“ statt „Hundi“. Dass ich ihn damit für einen Blogeintrag fotografiere, weiß er nicht. Glaube ich. Und es ist auch nicht wichtig. Mein Hund beherrscht die Kunst, zu unterscheiden, was wichtig ist und was nicht.

Hundeweisheit: Unterscheide zwischen wichtig und nichtig. Und beherzige, dass sich dies im Lauf deines Lebens ändert. Dinge, die früher einmal wichtig waren, sind es später nicht mehr. Und das ist kein Grund zum Jaulen!

Mit dem vermeintlichen Flohalarm war ein Haar in die Suppe ewiger Jugend gefallen. Eben noch ein fröhlich spielender, vitaler Gefährte, war Miss Lomax schlagartig zur Seniorin geworden, als Frauchen den Makel entdeckte – der für sie, wie gesagt, keiner ist. Sie hätte die Suppe einfach ausgeschlabbert und wäre weitergelaufen auf ihrem Weg, während ich nun von meinem abwich. Ich nahm das Haar im übertragenen Sinn mit einer Pinzette heraus, betrachtete es von allen Seiten mit der Lupe, legte es in eine Vitrine und machte mir Gedanken, die mein Herz schwer werden ließen. Und also auch das meines Hundes, der alle Spannkraft verlor und mich bedrückt beobachtete. Was war denn los mit Frauchen? Nun, Frauchen hatte Melancholie, nicht bloß Rücken, wie es sich für die Generation Gleitsichtbrille gehört. Und tatsächlich wuchsen mir in diesem Moment bestimmt drei graue Haare. Vergänglichkeit tut weh. Aber sie gehört dazu. Leben geht nicht ohne. Im günstigsten Fall motiviert sie, noch ein paar Extra-Schöne-Momente zu sammeln. So wie jetzt gerade: Die Weide vor dem Fenster scheint mir zuzuwinken im wilden Wind. Da winke ich einfach mal zurück und gehöre – schwupps! – nicht mehr zur Generation Silver, sondern bin sechs oder sieben. Breite die Arme aus, hole Anlauf und ... kann fliegen! Wie in einer russischen Babuschka-Puppe sind alle Alter in uns verstaut oder versteckt. So viele Einladungen, sich lebendig zu fühlen, so viele Perspektiven, die wir kunterbunt wechseln können. „Jugend hat kein Alter“, hat Pablo Picasso festgestellt. Und Lebensfreude auch nicht, wie mir Miss Lomax Tag für Tag zeigt.

Leinenzwang ade

Das sogenannte subjektive Alter eines Menschen sagt mehr über die physische und psychische Gesundheit aus als das Lebensalter nach Jahren. Wer sich mit einem jüngeren Alter identifiziert, ist mit dem Leben generell zufriedener. Er oder sie hat eine insgesamt positive Haltung zum Leben. Offenbar beschützt uns die Selbsteinschätzung, jünger zu wirken, sich jünger zu fühlen, davor, uns mit einem negativen Bild von Alter zu identifizieren. Die Einstellung Älteren gegenüber ist in unseren Breiten oft geradezu abweisend, so als wäre das eine eigene Rasse, mit der man nichts zu tun haben will. Die Weisheit des Alters ist uns abhandengekommen. Alte sind lästig. Wie gut, dass es die Weisheit der Hunde gibt! Einem Hund sind Truthahnhälse und Hamsterbacken egal. Also, solange sie im Käfig bleiben. Ein Hund käme bestimmt nicht auf die Idee, eine Diät zu machen, sich liften zu lassen, die Haare zu färben oder sich anderweitig gegen den Lauf der Natur zu stemmen. Der Hund vergleicht sich nicht und sucht nicht nach Mängeln. Er denkt keinesfalls darüber nach, weshalb er jetzt andere Sachen mag als früher, fragt sich nicht, ob das schlimm ist, wenn er heute mit einer Stunde Gassi zufrieden ist, wo es früher gern zwei sein durften, so wie ich mich gelegentlich frage und an meinen Aktivitäten abzulesen versuche, wo ich mich einordnen soll: schon alt oder geht noch? Wer sitzt mir da im Nacken? Wirklich das Alter oder meine Vorstellung davon? Oder der Sozialzwang, dazuzugehören? Der Druck, die Erwartungen anderer zu erfüllen, die vermutlich unter dem gleichen Druck leiden? Was denken die anderen von mir, wenn ...

Da mache ich nicht mehr mit! Nicht, weil ich nicht mehr kann, sondern weil ich nicht mehr will. Das darf ich nämlich jetzt: nicht mehr wollen. Ich könnte. Aber ich will nicht. Vielleicht will ich morgen wieder. Mal sehen. Ich bin über die magische Grenze in die Freiheit zu mir selbst gesprungen – und Miss Lomax hat mir den letzten Stups dazu gegeben. Ich bin älter. Zum Glück!

Wie schön, dass ich noch da bin und mich frei entscheiden kann, dass ich auf manche Sachen keine Lust mehr habe.

Ich muss nicht mehr mitmachen. Ich kann es auch sein lassen. Und jedes Mal kann ich mich neu entscheiden. Heute ja, morgen nein. Ich höre auf meine innere Stimme. Und die flüstert mir, dass all diese anstrengenden Beweise von Fitness, Vitalität, Jugend und so weiter in die Schublade mit den Gaga-Zweibeiner-Sachen gehören, so wie dass man nicht bequem liegen und Gäste nicht anbellen soll und so weiter. Unter uns: Manche Gäste würde ich gelegentlich auch mal gern anbellen. Vielleicht gerade diejenigen, die mir Stress machen, weil ich tun soll, was sie meinen, das beweisen würde, dass man jung ist, denn wenn ich das nicht tue, dann müssten sie vielleicht ihr eigenes Handeln infrage stellen.

Der Hund beißt sich in den Schwanz

Will ich einen glücklichen Hund, muss ich froh aussehen und riechen. Das kann ich nicht spielen, das muss ich wirklich sein. Der Hund ist ja nicht doof. Ich kann nicht so tun als ob, dem Vierbeiner kann ich nichts vormachen. Seine Nase ist unbestechlich. Tatsächlich ist mittlerweile erforscht, dass traurige Menschen andere Duftmoleküle aussenden als fröhliche. Ja, es ist sogar so, dass auch wir Zweibeiner die Gefühlslage unserer Mitmenschen riechen können, allerdings unbewusst. Also hilft mir ein So-tun-als-ob gar nichts. Ich muss, wenn ich will, dass es meinem Hund gut geht, dafür sorgen, dass es mir gut geht. Dann geht es dem Hund gut, und wenn es dem Hund gut geht, geht es mir gut. Wieso heißt es eigentlich: Die Katze beißt sich in den Schwanz?

Etwas Ähnliches sehen wir beim Verhalten kranken Menschen gegenüber. Wenn wir sie ständig auf ihre Einschränkungen ansprechen und sie demgemäß behandeln, fühlen sie sich schwächer, als wenn wir sie vital spiegeln. Wollen wir sie unterstützen, tun wir gut daran, ihnen ihre besten Fähigkeiten zu spiegeln, so, wie wir an unsere Kinder glauben – und Hunde. Wenn wir denken und fühlen „Du kannst das“, dann können sie das. Wenn wir denken, „Ob das wohl klappt?“, ist die Wahrscheinlichkeit hoch, dass etwas misslingt. Wir werden ein Stück weit auch zu dem, was andere in uns sehen. Ich bin lieber in der Gegenwart von Menschen, die mir das Beste unterstellen und ans Gelingen glauben. Das verleiht mir Zaubertrankkräfte.

Mit meinem Vierbeiner kann ich üben, was auch für meine Begegnung mit Zweibeinern gilt: Wie du in den Wald hineinrufst, so schallt es heraus. Wenn ich mich alt und grau fühle, werde ich so wahrgenommen. Was innen ist, strahlt nach außen. Das Leben mit einem Hund knipst ein inneres Licht an, ich würde behaupten: Da geht die Sonne auf! Sogar, wenn der Schatten der Vergänglichkeit näher rückt.

Es ist nun mal so – und das gilt für alle: Wir kommen zur Welt und wir verlassen sie wieder. Dazwischen spielt das Leben. Unendlich viele Augenblicke. „Jeder, der sich die Fähigkeit erhält, Schönes zu erkennen, wird nie alt werden“, wusste Franz Kafka. Augenblicke, die man genießen oder sich versauern kann. Indem man sie übersieht, weil man damit beschäftigt ist, vor dem Alter wegzulaufen. Aber der Igel ist immer schon da, lieber Angsthase!

Altern ist für die meisten Menschen nicht nur abschreckend, sondern auch ein angstbesetztes Thema. Dabei zeigen Studien, dass die Lebenszufriedenheit trotz Einbußen, Einschränkungen und Entsagungen auch im Alter hoch ist und mitunter sogar noch steigt. Ein 75-Jähriger fühlt sich heute etwa genauso gut wie ein 40-Jähriger. In weltweiten Studien hat man festgestellt, dass das Wohlbefinden einer U-Kurve ähnelt: Die meisten Menschen sind mit 20 ziemlich zufrieden, das nimmt bis 50 ab. Nach der Midlife-Crisis geht es wieder bergauf, bis zum Alter von zirka 75. Warum das so ist, ist noch nicht so klar – mir jedoch schon, wenn ich meinen Hund anschaue.

Eine Theorie der Wissenschaft besagt, dass unerfüllte Hoffnungen im mittleren Alter als schmerzhaft empfunden werden; später gibt man diese Hoffnungen auf, vielleicht auch, weil man realistischer geworden ist. Das ist ein Hund von Anfang an. Er hofft nicht auf etwas, er lebt im Jetzt. Doch die Jugend ist nun mal die Zeit der Träume, Erwartungen, Pläne. Und außerdem ist man in diesem Lebensabschnitt unverwundbar und unsterblich. Und man kriegt nie graue Haare! Die frau dann übertüncht – weil es alle machen. Früher gab es viel mehr Grauhaarige, wer färbte, gehörte zur Minderheit.

Viele Zeichen des Alterns werden heutzutage behandelt, als würde man sich gehen lassen, nachlässig sein, was sich in Begriffen wie Winkfleisch – wohl nicht genug trainiert –, Cellulitis, Sportmuffel, Truthahnhals und so weiter niederschlägt. Besonders Frauen werden hämisch beäugt, aber sind sie nicht sowieso das schwache, also schlaffe Geschlecht? Das ist so ähnlich, wie man sie früher dafür verantwortlich machte, wenn sie „nur" Mädchen zur Welt brachten, obwohl die Festlegung des Geschlechts des Kindes im Sperma des Mannes enthalten ist. Sollten wir das Alter also nicht besser akzeptieren, wertschätzen und mit Entdeckerfreude herausfinden, was es uns Neues bringt, anstatt es mit Spritzen und Scheren und anderen Foltermethoden zu vertuschen?

„Sag mal Miss Lomax, wolltest du schon mal älter oder jünger sein, als du bist?" Miss Lomax legt den Kopf schräg. Sie sieht aus, als würde sie nachdenken, aber ich bin mir ziemlich sicher, dass sie an so eine blöde Frage keinen Gedanken verschwenden würde. „Hast du nichts Besseres zu tun, Frauchen? Das wäre ja so, als ob ich darüber nachdenken würde, ob ich auf zwei Beinen laufen soll oder mir die Wimpern tuschen." Du hast recht, Miss Lomax. Es ist wie so oft: Zweibeiner sind Mängelexemplare. Nicht, weil sie altern, sondern weil sie sich dagegen sträuben. Was für eine Zeit- und Energieverschwendung! Vielleicht kennen Sie den weisen Spruch von Reinhold Niebuhr: „Gott, gib mir die Gelassenheit, Dinge hinzunehmen, die ich nicht ändern kann, den Mut, Dinge zu ändern, die ich ändern kann, und die Weisheit, das eine vom anderen zu unterscheiden." Dies in die Tat umzusetzen, ist eine Herausforderung bis zum letzten Atemzug.

Wieso soll ich mich über Dinge aufregen oder dagegen ankämpfen, wenn sie unabänderlich sind! Damit verschleiße ich meine Kräfte. Und meine Lebensfreude. Ich will ich sein dürfen. Ich will so alt sein dürfen, wie ich bin. Ich will mich nicht schämen, wenn ich Falten habe oder wenn man mir das Alter ansieht. Stolz will ich sein: Hey, bis hierhin habe ich es schon geschafft! Und am liebsten will ich mir gar keine Gedanken machen, sondern das wundervolle Leben spüren, unabhängig von meinem Alter. Ich atme. Der Kaffee schmeckt wunderbar. Ich genieße die Sonne auf meiner Haut. Die Hundeschnauze stupst mich an. Wir teilen uns einen Apfel. Du kannst viel lauter schmatzen als ich. Seit an Seit schwimmen wir durch den See, bahnen unsere Spur. Du und ich und Nebel wie Zuckerwatte am Ufer. Beim Schwimmen brummst du vor dich hin. Es klingt behaglich, fast wie ein Schnurren. Also doch eine Katze – und der Schwanz dein Ruder, immer an meiner Herzensseite.

Bonustrack!

Innen drin fühle ich mich immer gleich, unabhängig von meinem Geburtsdatum. Ob da jetzt auf den Geburtstagskarten 30, 40, 50 oder 60 steht, macht erst mal keinen Unterschied.

Frauchen ist 60 – warum sollte ich das verstecken? Und Frauchen ist noch immer da. Was vor hundert Jahren sehr unwahrscheinlich gewesen wäre, da wäre Frauchen nämlich schon unter der Erde gewesen in dem Alter und der Hund sowieso. Was hier läuft, ist der Bonustrack! Ende des 19. Jahrhunderts erlebte nur gut ein Drittel aller

Frauen ihren 60. Geburtstag, heute sind es knapp 93 Prozent. Hätte ich in dieser Zeit gelebt, würde ich höchstwahrscheinlich auch nicht übers Älterwerden sinniert haben, sondern wäre bereits alt gewesen und hätte vermutlich noch dazu uralt ausgesehen. Für heutige Begriffe bin ich noch ziemlich geschmeidig, also wenn ich mich durch ältere Augen betrachte. Durch junge Augen gemustert, bin ich jenseits – von allem. „Je länger ich lebe, desto schöner wird das Leben", fand Frank Lloyd Wright, und wo er recht hat, hat er recht!

Dass immer mehr Menschen ein höheres Lebensalter erreichen, ist ein Luxus, eine junge historische Errungenschaft. Wir haben uns im Prozess der Zivilisation altersfreundliche Umweltbedingungen geschaffen, von denen Menschen in früheren Jahrhunderten nur träumen konnten. Nein, konnten sie nicht, weil es unvorstellbar für sie gewesen wäre. Auch domestizierte Säugetiere, Haus- und Zootiere werden deutlich älter als ihre in freier Wildbahn lebenden Artgenossen.

Ab 50 läuft die Garantie ab. Alles, was jetzt kommt, ist ein Geschenk. Wer es bis hierhin geschafft hat, DARF weitsichtig und grauhaarig sein, mit seinem Fleisch winken und die Tränen in Säckchen lagern. Das sind keine Makel, sondern Ehrenabzeichen wie die Siegerurkunde bei den Bundesjugendspielen anno dazumal. Nicht jammern, sondern sich freuen!

Neulich fiel mir ein, dass ich als Hochbetagte, zu der ich mich langsam vorarbeite, nicht nur Rabatt, sondern Narrenfreiheit haben werde, auf die ich mich jetzt schon freue. Gegenüber sehr jungen Menschen gebührt mir die bereits, denn in ihren Augen bin ich ja steinalt. Als ich der jungen Politesse neulich erklärte, dass ich nur schnell in der Apotheke war, bekam ich vermutlich Seniorenrabatt, weil sie den Strafzettel zerriss. Seniorenrabatt gibt es häufig auch bei Eintrittspreisen und im öffentlichen Verkehr. Das ist nett, trägt aber nicht unbedingt zur Lebensfreude bei wie die folgenden Vorteile:

- Ab der Lebensmitte brechen für viele Menschen goldene Jahre an. Beruf und Familie in trockenen Tüchern, vielleicht sogar im Eigenheim, Kinder groß … eine gute Ausgangslage für entspannte Zeiten.
- Man rast nicht mehr mit Scheuklappen durch den Alltag, sondern findet zunehmend Zeit für Streifzüge rechts und links der ausgetretenen Pfade: eine neue Achtsamkeit, oft mit Naturliebe gepaart, beginnt zu wachsen.
- Freiheit breitet sich aus, weil es uns immer weniger interessiert, was andere über uns denken.
- Je älter wir werden, desto mehr Zeit haben wir, vor allem, wenn wir nicht mehr aktiv im Berufsleben stehen.
- In jüngeren Jahren gab es viele Situationen, die neu für uns waren. Jetzt sind wir alte Hasen und können dank unserer Erfahrung vieles sehr schnell und kompetent meistern. Und das auch noch ziemlich unaufgeregt, also gelassen.

Das ist unser großer Schatz: Lebenserfahrung. Eine ganze Kiste voller funkelnder Fähigkeiten und Erinnerungen und gemeisterter Krisen, aus der wir uns jederzeit bedienen können. Jetzt ist: Erntezeit! Und vielleicht möchten Sie an dieser Stelle kurz innehalten und darüber sinnieren, welche Geschenke Ihnen Ihr jetziges Alter macht. Anstatt bei Doktor Google nach Zipperlein zu forschen, die sich dann schnell zum Zipper auswachsen. Wirklich nur weitsichtig, nicht gleich grauer Star, Netzhautablösung? Wirklich nur Haarausfall? Dahinter kann auch eine ernsthafte Erkrankung stecken. Hinter allem kann plötzlich eine ernsthafte Erkrankung stecken. Das wusste man früher gar nicht. Also früher im Leben, als man noch unsterblich war. Ist das nicht toll? Ich! Bin! Unsterblich! Das ist Wahnsinn! Und der ist jetzt vorüber. Ich war unsterblich. Zum Glück, weil es sonst echt langweilig werden würde.

Noch ...

Plötzlich bekommt das Wort „noch" eine neue Bedeutung. Ganz am Anfang, da konnten wir noch nicht laufen, noch keine Schnürsenkel binden, noch nicht Auto fahren. Das tun wir dann eine Weile, und auf einmal fragen wir uns: Wie lange können wir noch laufen, Schnürsenkel binden, Auto fahren? Wie lange kann ich noch eine Nacht durchfeiern, eine anspruchsvolle Bergwanderung mitmachen? Wie lange kann ich noch in dem großen Haus wohnen? Wie viele Bücher werde ich noch schreiben, habe ich mich neulich gefragt. Es sind weit über hundert mittlerweile und kurioserweise ist in dem Bücherregal mit meinen Titeln gerade noch ein halber Meter frei. Mach ich den noch voll? Noch?

Noch lädt aber auch ein, zu fragen: Muss ich das noch? Muss ich das wirklich noch? Möchte ich das noch immer? Oft sind wir so an bestimmte Abläufe gewöhnt, dass wir vergessen, sie hin und wieder auf den Prüfstand zu stellen. Doch beim Älterwerden sollten wir den TÜV nicht alle zwei Jahre, sondern jährlich durchführen. Denn im Lauf des Lebens sind viele Dinge an einem hängen geblieben: Die Buchhaltung für den Nachbarschaftsverein, seinerzeit ein Klacks, jetzt aber ehrlicherweise eine

Last. Und ja, Sport ist gesund, aber seit einiger Zeit hat man eigentlich keine Lust mehr zum Squash. Kann man das den Sportkameraden sagen? Was ist wichtiger: Was man selbst will oder die Abhängigkeit von dem, was andere über einen denken könnten? Vielleicht finden die anderen das auch toll, geradezu bewundernswert, die Erste, die diesen Mut zeigt. Genau! Ich mache nicht mehr mit! Und ich muss mich nicht rechtfertigen à la: „Ich spiele stattdessen Badminton."

Manche fragen: Darf ich das noch? In meinem Alter? Das würde ich unbedingt bejahen, wenn es Spaß macht. Interessant ist die Frage: Will ich das noch? Denn das kenne ich doch schon. Ich kann es, ich habe es getan, vielleicht tue ich es noch immer. Ich weiß, wie es ist, das zu tun. Und vielleicht tue ich es immer weiter, auch wenn ich es gar nicht mehr will. Ich renne weiter wie der Hamster im Rad, damit die anderen nicht denken, ich roste, weil ich raste. Oder nicht mehr kann.

Nein, sie will nicht mehr. Und es ist schnurz, ob sie in den Augen der anderen nicht mehr kann oder nicht mehr will. Sie tut es einfach nicht mehr. Sie genießt es, manches sein zu lassen. Und wenn die anderen denken, sie kann nicht mehr, dann sollen sie doch. Ja, das mag gelegentlich Mut erfordern. Aber den kann ich mir leicht aneignen.

Ich brauche bloß meinen Hund zu beobachten, der nie auf die Idee käme, in vorauseilendem Gehorsam darüber nachzudenken, was Artgenossen von ihm halten, wenn er dies und jenes tut oder bleiben lässt. Was ich von ihrem Benehmen halte, ist Miss Lomax jedoch wichtig. Viele Male am Tag wirft sie mir einen schnellen, fragenden Blick zu: Ist das okay, wenn ich ... Oder: Was hältst du davon, dass ich ... So sind wir in einem ständigen Austausch. Es genügt, wenn ich den Kopf schüttle, dann weiß sie, dass ich der Ansicht bin, dass drei Zwetschgen genug sind und sie die vierte liegen lassen soll. Und sie lässt sie liegen, zumindest, solange ich im Garten bin. Ich habe das Fallobst noch nie abgezählt. Ich vertraue ihr. Und wenn sie hinter meinem Rücken erntet, dann betrachte ich das als Zeichen ihrer Intelligenz. Ich sehe sie im besten Licht. Weil ich sie so liebhabe und sie sich im Lauf der Zeit durch Wohlverhalten sehr viele Privilegien erworben hat. Meistens steht das Tor zur Einfahrt offen. Sie könnte überall hin strawanzen, sich in fremden Gärten als Erntehelferin verdingen und bleibt doch immer auf dem Grundstück.

Und wenn sie die vierte und fünfte Zwetschge schnabuliert, darf sie das. So wie ich mir jetzt auch manches erlaube. Wir haben es uns verdient. Wir wollen, dass uns das Leben schmeckt. Und jetzt ist die beste Zeit, es zu genießen.

Herzzeit

Auch unsere Bekanntschaften dürfen wir hin und wieder auf den Prüfstand stellen. Mit welchen Menschen verbringen wir unsere Zeit, die ja immer kostbarer wird? Sind wir wirklich mit dem Herzen dabei? Oder ist manches Treffen lediglich eine Gewohnheit? Alle drei Monate essen gehen mit Petra, einmal in der Woche Sabine anrufen, alle halbe Jahre spätestens ist Holger dran – als Erledigung oder weil wir im Herzen einen Impuls verspüren? Haben wir nicht genug erledigt? Wer zu viel erledigt, erledigt sich am Ende selbst. Was tun wir, weil wir automatisch im Effizienzmodus agieren?

So habe ich es früher gehandhabt, wenn ich mich mit Freundinnen zum Gassi-Gehen verabredete. Zwei Fliegen mit einer Klatsche erledigt. Ja, eine Klatsche, die hatte ich. Erstens redet man beim Gehen anders miteinander, als wenn man sich gegenübersitzt und sich in die Augen schaut, was beim Gehen einen Orthopädinnenbesuch nach sich ziehen würde. Zweitens war meine Aufmerksamkeit mindestens zur Hälfte beim Hund. Ich wurde weder dem Hund noch meiner Freundin gerecht. Irgendwann merkte ich, dass mich mancher Mensch beim Gassigehen mit dem Hund stört. Ich wollte nicht so viel quatschen in der Natur. Ich wollte die Zeit draußen mit meinem Hund genießen. Und jetzt, wo Miss Lomax in die Jahre gekommen ist, will ich von unserem gemeinsamen Zeitkonto gar keine Zeit mehr abknapsen, die nicht Herzzeit ist.

So ist dieser aktuelle Lebensabschnitt für mich eine Einladung, mehr Gewicht auf die Dinge zu legen, die mir jetzt wichtig sind, die ich tun will. Ich habe lange genug Pflichten erfüllt. Nun sollen ein paar Buchstaben aus der Pflicht fallen. Pf mache ich. Und lasse dem Stress die Luft raus. Was bleibt, ist das Licht, das mir erhellt, dass es jetzt um mich gehen darf. So erstrahlt in der Pflicht das Licht und das knipst das Ich an.

Das Tolle am Älterwerden ist, dass ich schon so viel Pflicht abgeleistet habe, dass ich mir das jetzt erlauben darf. Wenn das kein Grund zum Jauchzen ist!

Als Kind der Leistungsgesellschaft bin ich damit groß geworden, Pflichten zu erfüllen. Schaffen, arbeiten, nicht faul sein, das war das Motto meiner Eltern und meiner Generation. Da ist es nicht einfach, mal alle viere in die Luft zu strecken wie der Hundling, wenn er sich im Gras wälzt und einfach so den Tag genießt. Deshalb kann ich Menschling so viel von ihm lernen. Ich allein würde es vielleicht nicht so gut schaffen, doch wenn er seiner Meinung nach genug unterm Schreibtisch gelegen hat und mich anschaut, dann mal – tock, tock, tock – probehalber wedelt, den Kopf schräg neigt, noch nicht interveniert, aber doch anzeigt, dass es jetzt mal reicht. Dann muss ich lächeln, ich stehe auf, tock, tock, tock verstärkt sich. Ich kraule ihn, er wirft sich auf den Rücken, und da springt der Funke über und das Licht in der Pflicht blitzt wie die Sonne durch Wolken. Mehr davon! Lass uns rausgehen, sage ich. Tock, tock, tock.

Danke, lieber Hund, dass du mir immer wieder die Brücke baust an Orte, die wundervoll sind, weil sie jetzt sind! Du und ich. Im Licht. Besonders schön ist es, wenn mir bewusst ist, dass dies ein Geschenk ist, dass das jetzt ist und dass es endlich ist. Es tut auch ein bisschen weh, und dieser Schmerz macht das Licht noch schöner.

Miss Lomax denkt bestimmt nicht, denke ich, dass sie in dieser Saison noch oft schwimmen will. Dass jetzt schon wieder ein Jahr rum ist. Dass sie sich ihrem zehnten Geburtstag nähert. Oder dass sie statistisch gesehen noch so und so viel Zeit vor sich hat. Das vermutet auch die Wissenschaft. Hunde hätten keinen Sinn für die Endlichkeit, heißt es. Wenn es dann aber so weit ist, merken sie es schon und zeigen das in ihrem Verhalten. Aber wissen sie wirklich, was Ende-Äpfel-Amen-Aus-Vorbei bedeutet? Wenn die Endstation des „Noch“ in Sichtweite ist: nie mehr. Nie mehr durch hohes Gras fetzen. Nie mehr in der Geborgenheitswolke von Frauchen ein Nickerchen machen. Nie mehr Schneeflocken fangen. Nie mehr Wiener Würstchen. Nie mehr das Ding suchen, das Frauchen ständig verliert. Nie mehr den Bauch klopfen lassen. Nie mehr den Postboten erschrecken. Nie mehr im Garten liegen und sich von der Sonne das Fell aufbrutzeln lassen. Nie mehr als Erntehelferin tätig werden: Zwetschgen, Himbeeren, Äpfel. Nie mehr unterm Schreibtisch dem einschläfernden Geräusch lauschen, das Frauchens Pfoten auf der Tastatur machen. Nie mehr Muse sein.

Was bedeutet Lebensqualität für meinen Hund? Das kann ich nur vermuten. Ich würde sagen: der volle Napf, die Bindung an das Rudel, ein interessantes Revier mit abwechslungsreichen Spaziergängen, spielen – und im Fall von Miss Lomax auch Arbeit, da sie Apportiertraining liebt. Aber Frauchen wäre es ohne Arbeit auch langweilig. Doch muss es weiterhin so viel Arbeit sein? Vor allem, wenn schon mal darüber gejammert wurde?

Jammeralarm

Jammern, so hört man öfter, liege in den Genen der Deutschen. Am liebsten tun sie es natürlich auf hohem Niveau. Bei mir jault hin und wieder ein Rauchmelder. Wenn ich darauf nicht reagiere, fängt er an zu brüllen. Das ist kaum auszuhalten. Gestresst versuche ich, mit den Händen auf beiden Ohren auf die Leiter zu steigen, und – peng! Die meisten Unfälle passieren im Haushalt. Was genau ist geschehen? Ich habe zu spät auf das Warnsignal reagiert. So etwas kann mit einem Beinbruch enden – oder tödlich.

Wenn Jammern nicht zum Automatismus verkommt, kann es ein wichtiges Signal sein. Es bedeutet: Ein Zustand gefällt dir nicht, tut dir nicht gut, also ändere ihn, anstatt immer weiter zu jammern, denn am Ende dieser Jammerleiter steht eine Jammergestalt.

Ich glaube nicht, dass Jammern jung hält und schön macht. Deshalb empfehle ich, sich selbst auf die Schliche zu kommen und zuzuhören. Wenn man sich dabei ertappt, dass man oft über eine bestimmte Sache jammert, dann sollte man sie abschalten. Gewiss, es gibt Dinge, die sind nicht auf Knopfdruck zu ändern. Dazu gehören natürlich Erkrankungen, manche Lebensumstände. Aber was wir immer abschalten beziehungsweise verändern können, das sind unsere Bewertungen über eine und Gefühle in einer Situation. Es mag banal klingen, doch Hundefreundinnen wissen bestimmt, was ich meine. Für uns hat die Redewendung, es gäbe kein schlechtes Wetter, nur die falsche Kleidung, eine konkrete Bedeutung. Wir „müssen" ja immer raus. Und wenn wir gut gewappnet sind, wird das Müssen zum Dürfen, weil es draußen immer schön ist, auf seine Art und Weise. Jede Jahreszeit ist zauberhaft, sogar ein Schneesturm kann Freude machen, wenn man gut davor geschützt ist. Auf Bewertungen und Gefühle übertragen würde das bedeuten, nicht ständig zu jammern: Warum muss es jetzt gerade stürmen, wenn ich mit dem Hund rauswill?

Warum bin ich in die Pfütze getreten?

Warum muss meine Firma umziehen, was meinen Arbeitsweg verlängert?

Warum gibt es so viele rücksichtslose Leute?

Warum humpelt der Hund?

Warum muss immer ich alles machen?

Warum kackt der Hund nicht (weil Frauchen Kopfverstopfung hat)?

Wie wäre es stattdessen mit:

Schön, dass ich noch rauskann mit dem Hund.

Dass ich mal einen anderen Arbeitsweg kennenlerne, ich könnte mit dem Fahrrad fahren.

Dass ich alles, was ich mache, auch machen kann – vielleicht sogar einen Gedankenschirm aufspannen und einfach wegfliegen. Denn im Kopf können wir mit unseren Gedanken überall hin. Sogar im Schneesturm in die Karibik.

Topf und Dackel

Darüber, was Lebensqualität für den Hund bedeuten könnte, habe ich mir viele Gedanken gemacht. Denn er sagt es mir leider nicht mit Worten. Was aber heißt Lebensqualität für mich? Außer, dass ich es liebe, zu arbeiten. Schon als Kind wusste ich, dass ich Schriftstellerin werden will. Je älter ich wurde, desto näher kam ich diesem Traum. Heute bezahle ich das Hundefutter mit meiner Währung: Buchstaben. Meine Vorstellung von Lebensqualität hat sich kaum verändert mit den Jahren. Wenn ich genauer darüber nachdenke, merke ich jedoch, dass ich manchen Zeitvertreib gar nicht so gern preisgebe. Weil es nicht so sexy klingt. Aber für wen eigentlich? Lebe ich, um anderen zu zeigen, wie toll ich bin? Kurioserweise muss ich mir eine ausdrückliche Genehmigung erteilen, manche meiner Bedürfnisse zu erfüllen. „Du darfst jetzt ein Mittagsschläfchen machen", sage ich manchmal zu mir.

Während der Hund sich nach unserem langen ... Stopp! Das war eine Lüge. Es war nur ein ganz normaler Spaziergang, kein langer. Das „lang" habe ich reingeschmuggelt, weil ich offenbar doch noch ein schlechtes Gewissen habe, wenn ich so etwas Krasses mache wie ein Mittagsschläfchen. Wie der Hund. Nach unserem Spaziergang, der genau genommen nur normal war, nicht noch extra lang, hat er sich gemütlich in seinem Korb zusammengerollt, genüsslich gegrunzt und dann bald leise vor sich hingeschnorchelt, wobei er mir seltsame Botschaften sendet. Vermutlich ist das Übersetzungsprogramm noch fehlerhaft:

Vom Hölzchen ins Körbchen.

Gut Hund will Weile haben.

Wie sich der innere Schweinehund bettet, so liegt er.

Das ist mir Wurst.

Wer eine ruhige Kugel schiebt, schluckt keine Kröten.

Friede, Freude, Hundekuchen.

Diese Inspirationen entspannen mich. Ich mach einen Deckel auf meine Pflichtensuppe.

„Du darfst das auch morgen erledigen", spreche ich mich von einer Sache frei, denn der Tag ist schon viel zu vollgestopft. „Da brauchst du dich nicht einzumischen", sage ich mir selbst, „das regeln die auch ohne dich." Und dann schicke ich die Mail nicht ab oder schreibe sie erst gar nicht. Wie befreiend das ist!

Was immer hilft, den Wahnsinn des Alltags zu drosseln: mich eine Weile neben den Hund setzen, vielleicht eine Hand auf sein weiches, warmes Fell legen. Dieses wunderbare Lebewesen spüren. Unsere Verbindung. Und dann ganz von selbst wissen, was gut für mich ist. Spüren, was mir wichtig ist und guttut. Ja, ich darf. Und das mache ich dann auch. Immer öfter ist mein Tun dabei ein Lassen. Und das ist ganz wunderbar.

Leider bleibt das nicht so – wie meine Falten. Zwischendurch muss ich mich immer wieder daran erinnern, meine veränderten Bedürfnisse ernst zu nehmen. Ist das nicht verrückt, davon auszugehen, dass man mit 60 das Gleiche will wie mit 40 oder 50? Da würde man ja nie was Neues erleben! Mittagsschläfchen, so meine Erfahrung und die vieler Südländerinnen, können Reisen um die Welt sein! 20, 30 Minuten stehle ich mich aus dem Alltag, und danach ist die Welt wie frisch geputzt.

Ich bezeichne mich selbst jetzt nicht als schlaff und faul und langweilig. Nein, der Mittagsschlaf ist eine kluge Investition in vielen Bereichen. Körperlich, geistig ... Ach, warum liste ich das auf? Ich möchte mich nicht rechtfertigen. Ich tu es einfach. So wie der Hund. Und das steht mir zu im Bonustrack. Ich folge meinem Hund auf seiner Fährte der unendlichen Gelassenheit, die zur Weisheit führt.

Wenn nicht jetzt, wann dann?

Ich möchte all die Einschränkungen aufspüren, die ich mir ständig selbst auferlege. Die Pflichten, die ich automatisch erfülle, ohne sie zu hinterfragen. Ja, es kann sein, dass sie einst wichtig waren. Aber sind sie das heute noch? Was hat sich verändert?

Ist es nun nicht höchste Zeit, wirklich das zu tun, was ich möchte?

Eben weil die Endlichkeit sich am Horizont abzeichnet. Dieses „Noch" motiviert mich: Noch ist alles möglich. Wenn nicht jetzt, wann dann, heißt es. Jetzt ist die richtige Zeit, meine Antennen von außen nach innen zu richten. Jetzt ist es mir egal, was andere von mir halten, wenn ich dies und jenes nicht mehr tue oder dies und jenes tue.

Bin ich dann alt? Oder doch nicht? Und ist das nicht schnurzwurscht? Vor allem möchte ich, dass es mir total egal ist, wenn man mir mein Alter ansieht. Ich möchte mich nicht stressen, weil ich so alt aussehe, wie ich bin. Ich möchte mich nicht geschmeichelt fühlen, wenn ich höre, dass ich jünger aussehe. Ich möchte nicht über andere denken: Die sieht aber alt aus. Ich will all das Zeug nicht denken, das überflüssig ist wie ein Kropf und, mehr noch, giftig ist, weil es mein Lebensgefühl trübt. Ich will damit nichts mehr zu tun haben, ich will mich schütteln wie ein nasser Hund: Weg damit!

„Zu wissen, wie man älter wird, das ist ein Meisterstück der Weisheit und eines der schwierigsten Kapitel in der Lebenskunst“, formulierte Fréderic Amiel. Aber es scheint möglich zu sein, da es ein Werden ist. Etwas ist in Bewegung. Etwas wächst von da nach dort. Da ist bekannt, dort noch nicht, doch es steckt ein Ort im „Dort“. Dem nähern wir uns von Geburt an. Wir reifen ihm entgegen. Und irgendwann sieht man das auch. Wie bei einem Apfel, der irgendwann schrumpelt. Das ist so.

Wenn wir ewig jung bleiben wollen, können wir nicht reifen. Und somit auch nicht weise werden. Wir versuchen dann etwas zum Scheitern Verurteiltes: Gegen die eigene Natur zu leben. Mit der braucht man es nicht aufzunehmen, da ziehen wir immer den Kürzeren. Leben ist, in Bewegung zu bleiben. Und letztlich ist das Alter nur eine Zahl. Was hat eine Zahl mit meinem Gefühl zu tun? Da ich in einer Buchstabenwelt lebe: nichts. Und das ist eine Lüge, wie ich von der Waage weiß. Ich besitze gar keine mehr, weil ich irgendwann erkannte, dass mir kein Gegenstand in meinem Haushalt so schlechte Laune machen kann wie die Waage. Gut gelaunt war ich dem Bett entstiegen, eine ranke, schlanke Göttin, im Bad auf die Waage gestiegen und als Fass in die Küche gerollt, wo ich mir schwor, sofort eine Diät zu beginnen. Heute wiege ich mich nur noch gelegentlich im Fitnessstudio, und es ist immer das Gleiche: Ich schaue mich im Spiegel an, gebe eine Prognose ab, im Rahmen von drei Kilo rauf und runter. Und jedes Mal entsetzt es mich, wie das Ergebnis mein Befinden beeinflusst. Es hat sich ja nichts verändert. Nur eine Zahl.

Ich sollte wirklich davon Abstand halten. Buchstaben sind und waren mir ohnehin immer lieber.

Alterswandel

Das Festhalten an der Jugend gegen die Natur verbraucht viel Energie – und wozu? Um einen Status aufrechtzuerhalten, der nicht mehr zeitgemäß ist. Aber diese Energie fehlt uns dann zum Leben. Die Hülle ist top, aber innendrin ist es morsch.

Nur wenn wir bereit sind, uns ständig zu wandeln, können wir innerlich jung und lebendig bleiben. Lebendigkeit ist auch das unbestechliche Kennzeichen von Jugendlichkeit.

2018 verklagte ein niederländischer Motivationstrainer seine Regierung. Er wollte, dass sein Alter amtlich um 20 Jahre gesenkt wird, nämlich von seinem biologischen beziehungsweise juristischen Alter auf sein gefühltes. Er argumentierte damit, dass man heutzutage problemlos Geschlecht und Namen ändern könne. Da müsse man doch auch sein Alter ändern können. Als 69-Jähriger sei er benachteiligt. Er bekomme schwieriger einen Kredit als Jüngere, weniger Angebote für Jobs und auf Tinder. Das Gericht erkannte an, dass es einen Trend in der Gesellschaft gebe, wonach sich Menschen länger fit und gesund fühlen. Dies betrachtete es aber nicht als stichhaltiges Argument für eine Änderung des Geburtsdatums einer Person, selbst wenn sie laut ärztlicher Atteste topfit sei.

Besser wäre es, die Diskriminierungen, die das Alter mit sich bringt, abzuschaffen. Und sich darüber klar zu werden, dass es verschiedene Alter gibt. Das biologische, das soziale, juristische und emotionale. Wer einen Blick in die Runde wirft, erkennt sowieso, dass man mit 60 aussehen kann wie 40 und wie 80. Und das Sehen sagt gar nichts über das Fühlen aus. Weder beim Menschen noch beim Hund kann man festlegen, wann das Älterwerden beginnt. Es gibt junge Greise und greise Junge. Ob alter Dackel oder junger Boxer, der eine läuft bis ins hohe Alter wie geschmiert, der andere unrund. Der eine liebt lange Spaziergänge, der andere das Sofa. Ach, dieses Sehen und Gesehenwerden! Manchmal kommt es mir vor wie ein Fluch, der das Eigentliche vernebelt. Sind Hunde hier im Vorteil, weil sie sich im Spiegel nicht erkennen?

Spiegelbilder

Wenn ein Tier sich selbst im Spiegel erkennt, sieht die Wissenschaft darin ein Zeichen für Intelligenz und vor allem: dass es ein Bewusstsein über sich selbst hat, sein eigenes Selbst vom Nicht-Selbst unterscheidet – *Theory of Mind* genannt. Dies ist Bedingung, sich in Artgenossen hineinversetzen zu können. Über diese Fähigkeit verfügen Menschenaffen, Delfine, Elefanten und vermutlich auch Raben und Hunde – die Ergebnisse hängen von den Tests ab. In der Regel sind sie visuell aufbereitet, indem ein Farbklecks auf der Stirn des Individuums platziert wird. Wenn der Affe, Delfin etc. in den Spiegel schaut und sich erkennt, versucht er, den Klecks abzuwischen. Bei Hunden hat das nicht funktioniert, aber Hunde sind auch nicht besonders visuell ausgerichtet. Das ist die Crux, wenn Menschen von sich auf andere schließen.

So hat man Tiere früher auch für dumm gehalten, weil sie nicht sprechen können. Doch sie kommunizieren sehr wohl miteinander, zum Beispiel durch Laute, die wir nur deshalb nicht verstehen, weil wir zu dumm sind, ihre Bedeutung zu erkennen. Nicht wenige Tierhalter haben den Eindruck, dass ihr befellter, geflügelter oder vierbeiniger Gefährte der Menschensprache im Verständnis sehr wohl mächtig ist. Wenn man übrigens die Tests bei Hunden nicht mit visuellen Reizen, sondern auf Gerüche bezogen durchführt, funktionieren sie genauso wie bei Delfinen, Elefanten und Menschenaffen.

Hunde sind sogar in der Lage, die menschliche Perspektive einzunehmen. Das hat man in verschiedenen Tests erforscht, in denen beispielsweise Futter versteckt wurde, das die Versuchshunde fanden, weil ihre Menschen oder auch unbekannte Informanten ihnen signalisierten, wo sie suchen sollten. 70 Prozent aller Hunde bestehen den sogenannten „Schau-hin-schau-weg"-Test: Sie wissen, über welches Wissen und welche Perspektive ein Mensch verfügt, und nutzen diese Informationen im Test für sich, wenn es darum geht, in welcher Schüssel Futter versteckt ist: Sie laufen zielstrebig in die Richtung, in die der Mensch blickt, von dem sie wissen, dass er zuvor gesehen hat, wie das Futter verteilt wurde. Die Blickrichtung eines zweiten potenziellen „Informanten", der bei den Versuchen mit im Raum war, aber die Futterabfüllung nicht beobachtet hatte, wurde von den Hunden als deutlich weniger aussagekräftig bewertet. Die Hunde wussten also, dass sie besser dem Blick von Informant 1 vertrauen sollten, da dieser über Wissen verfügte, das Informant 2 nicht haben konnte.

Hin und wieder stelle ich mir vor, Tiere würden uns laut ihren eigenen Fähigkeiten testen. Wie entsetzlich dumm und geradezu lebensuntüchtig müssten wir ihnen erscheinen, tief, tief unter ihnen stehend, arme Menschen, von Sehen und Hören keine Ahnung! Und dann noch das Gejaule wegen des Alters! Die haben wohl einen Klecks im Hirn!

Dabei beginnt es harmlos. In der Anfangsphase, wenn die Erkenntnis nach und nach einsickert, dass es nicht zwei Arten von Menschen gibt, also alte und junge, sondern dass man selbst auf das Alter zusteuert, da überwiegen die Witzchen. Man vertraut sich gegenseitig an, dass man überzeugt war, verschont zu bleiben. Nur die anderen werden älter. Man selbst: *forever young*. Alles reine Willenssache. Man ist so alt, wie man sich fühlt. Man kokettiert vielleicht sogar damit. Aber dann geschehen merkwürdige Dinge. Man wird überall gesiezt, Frauen werden plötzlich unsichtbar, an der Kassenschlange wird man als Hindernis wahrgenommen, gestresst spielt man schon mal mit dem Gedanken, sein Portemonnaie abzugeben, weil man Zwei- und Fünfcentstücke nicht mehr auseinanderhalten kann, weshalb sich so viel Kleingeld angesammelt hat. Eine Bekannte erzählte mir von einem kleinen Klassentreffen in einem Restaurant. Sie waren zu acht und es war sehr lustig. Irgendwann schaute sie im Lokal herum, sie hatte ihre Brille nicht auf, und entdeckte an einem Tisch weit hinten eine Frauenrunde. „Och, kuckt mal", flüsterte sie ihren Freundinnen zu, „wie schön, dass die Ömchen noch so viel Spaß haben!" Die Ömchen im Spiegel waren sie selbst.

Vorbilder

Gestern noch in der Schulbank gesessen, heute auf der Wartebank für die große Pause, und zwar nicht die mit Biologie im Anschluss. Gestern noch wollte man unbedingt älter sein. Endlich in den Kindergarten, in die Schule, raus aus der Schule, endlich die eigene Wohnung, endlich, endlich, endlich. Und dann passiert das Leben, und plötzlich ist es kein Kompliment mehr, wenn man für älter gehalten wird. Es schmeichelt, jünger zu sein.

Ich erinnere mich an einen Abend in einer Disco. Das Wort ist selbsterklärend, denn „Disco" ist lange her. Ich stand mit meiner besten Freundin am Rand der Tanzfläche und beobachtete diese alte Frau. Wie wild sie tanzte. Cool, sagte meine Freundin, womit sie meinte: Hoffentlich bin ich in dem Alter noch so gut drauf. Hoffentlich lasse ich es noch richtig krachen. Und ich hoffte das vermutlich auch: Bitte, lieber Gott, lass mich niemals vernünftig werden – was gleichbedeutend mit spießig war. Heute ist das eine Sehnsucht vieler nach Sicherheit strebender junger Menschen. Warum bloß gab es so wenig Greisinnen auf der Tanzfläche? Die Frau war vermutlich um die 40. War sie jung oder stehen geblieben oder hatte sie einfach nur Lust, zu tanzen um ein Uhr nachts? Vielleicht sollte ich mal in eine Disco, also einen Club gehen, damit andere das denken, was ich dachte. Alles wiederholt sich. Das weiß ich heute. Marie von Ebner-Eschenbach wusste es schon vor knapp 200 Jahren: „In der Jugend lernen wir, im Alter verstehen wir."

Warum eigentlich will man immer weiterkommen und wachsen, nur im Alter nicht? Da wollen wir stehen bleiben. Aber da, wo man steht, das kennt man doch schon. Man weiß, wie jünger funktioniert, man kommt ja von dort. Wollen wir nicht mal was Neues erleben?

Älter zu werden heißt ja nicht, krank zu sein. Und wer behauptet, dass Älterwerden ein „graues" Leben bedeutet? Oder dass man diverse Utensilien dazu braucht, die oft unerschwinglich sind: flotte Cabriofahrer, hell gekleidet, das dichte silberne Haar vom Wind zerzaust. Immer sind die Alten in der Werbung hell gekleidet. Käme für mich überhaupt nicht infrage als Hundefreundin! Und das findet Miss Lomax auch und schüttelt sich nach dem Schwimmen im See ausschließlich vor hell gekleideten Menschen, um ihnen auf ihre Art und Weisheit zu erklären, dass Äußerlichkeiten vollkommen unwichtig sind.

Nun besteht die Kunst des Lebens darin, dass wir auf der einen Seite immer reifer und erwachsener werden, auf der anderen Seite das Kind in uns bewahren. Ein Kind ist in der Regel neugierig. Und macht dann komische Sachen. Steckt den kleinen Finger in eine Regenschirmhülle. Isst Gras, weil es Pferd spielt. Das geht vielleicht übel aus, aber vieles andere geht gut mit dieser Entdeckerfreude, wir erobern die Welt.

Neugier ist ein Motor. Seltsam, dass wir in Bezug auf das Alter so wenig neugierig sind, sondern glauben, alles schon zu wissen, und das, was wir glauben zu wissen, ist meistens fürchterlich, weshalb wir diesen schrecklichen Kontinent gar nicht betreten wollen. Vielleicht sind unsere Bemühungen, ewige Jugend zu erlangen mithilfe von Medizin und Mittelchen einfach nur ein riesengroßes Missverständnis. Vielleicht ist das unewige Alter viel spannender als die ewige Jugend!

Mein Hund, mein Coach

Seit neun Jahren ist Miss Lomax an meiner Seite. Dass wir es so weit geschafft haben, erfüllt mich mit Dankbarkeit. Einige ihrer Spielkameraden aus der Welpengruppe sind schon im Hundehimmel. Seit einiger Zeit sieht man ihr das Alter am Gang an: Sie läuft unrund. Arthrose, hat die Tierärztin diagnostiziert. Wenn wir längere Streifzüge unternehmen und sie heftig humpelt, tut mir das

Herz weh. Aber auch ich laufe ja manchmal unrund. Ich würde so gern wissen, ob es ihr wehtut und wie sehr, ob ich ihr eine Schmerztablette geben soll oder homöopathische Tropfen oder, oder, oder. Ich bekomme keine Antwort.

Oder doch? Wenn ich mich neben meine liebe Gefährtin auf den Boden setze. Augenhöhe. Wenn sich unsere Herzen verbinden. Wenn ich mich in sie einfühle. Wenn ich meine Ängste und Vorstellungen vom Alter ziehen lasse. Dann erhalte ich Antworten. Doch die Voraussetzung dafür ist, dass ich selbst ruhig und gelassen bin. Dass ich nichts erwarte. Dass ich einfach – als wäre das einfach – da bin. Mit ihr in diesem Moment. Dann zieht eine Gewissheit auf und alle Ängste sind wie fortgeblasen. Du und ich. Jetzt. Wer weiß, was kommen mag. Jetzt ist es gut. Und von hier aus gehen wir weiter. Wir gehen nach vorne. Wir schauen nicht zurück, was mal toll war und wie wir zwei Stunden am Stück Gassi gegangen sind und ewig geschwommen und wie du als junger Hund einem Ball hinterhergefetzt bist. Das war schön und es gehört uns für immer. Jetzt ist eine andere Zeit. Du hast ein weißes Haar. Wenn ich ehrlich bin, sind es schon ein paar. Das ist so. Ich hab dich lieb, auch wenn du nicht mehr rennst wie ein Jungspund. Ich schläfere mich selbst ja auch nicht ein, wenn ich nun manchmal lieber zu Hause bleibe, als mich abends noch auf die Socken zu machen. Es ist der Lauf des Lebens, und was für ein Geschenk, das wir nebeneinander gehen und manchmal sogar „noch" joggen.

In existenziellen Fragen läufst du mir voraus. Ohne zu sprechen, zeigst du mir, was wirklich wichtig ist. Und so glaube ich, dass es keine bessere Lehrerin für mich gibt als dich, wenn ich diesen Lebensabschnitt des Älterwerdens beginne.

Du läufst voraus, ich folge dir. Deine Gelassenheit steckt mich an.

Ich nenne dich weise, du schüttelst dich. Wiese ist dir wichtiger als weise. Mein Hund, mein Coach. Der die Couch bevorzugt. Und weil mein Riechvermögen so mangelhaft ist, hole ich mir jetzt mal meine Lesebrille und schaue mir ganz genau an, wie du das so machst, warum Älterwerden kein Grund zum Jaulen ist.

Erntezeit!

Hunde sind viel zu weise, als dass ein paar Buchseiten ihre Vielseitigkeit beschreiben könnten. Und sie konzentrieren sich auf das Wesentliche. Wenn ich ihre Erkenntnisse empfangen will, muss ich ohne Leine mit ihnen online sein. Was bedeutet, in vielen anderen Dingen, die meistens ohnehin überflüssig sind, offline zu sein. Und das wird einem mit zunehmendem Alter immer bewusster. Jetzt ist Erntezeit!

Im 1. Viertel unseres Lebens haben wir den Boden bereitet. Im 2. Viertel haben wir ausgesät und uns im 3. am Keimen und Wachsen erfreut. Nun bricht die Saison an, die Ernte einzubringen – Früchte, die reif sind. Aber welche? Wir können an Weihnachten Erdbeeren essen und auch wachsen lassen in unseren Breiten: in Gewächshäusern. Alles ist jederzeit möglich und verfügbar. Das erscheint auf den ersten Blick – und ohne die Nachhaltigkeit zu berücksichtigen – großartig. Auf den zweiten entpuppt es sich als Falle. Wenn alles zu haben ist, fallen Entscheidungen schwer.

Miss Lomax' Paradies heißt Hundeladen und befindet sich im Nachbarort. Dort kaufe ich seit Jahrzehnten ein, weil mich der Inhaber bei meinem ersten Besuch verblüffte. Er öffnete eine Dose Hundefutter, hielt sie mir unter die Nase und forderte mich auf: „Riechen Sie mal. Lecker, oder?" Etwas überfordert – spaßte er? – zuckte ich mit den Schultern. „Wenn Ihnen mal die Lebensmittel ausgehen, können Sie diese Mahlzeit problemlos in die Pfanne hauen." Jetzt war ich mir sicher: Er meinte das ernst. Ich mag schräge Typen. Also kaufe ich seither bei ihm. Seine Empfehlung habe ich jedoch nicht beherzigt, aber Lebensmittel – und Hundefutter! – sind mir auch noch nie ausgegangen.

In diesem Tierladen dürfen Hunde frei herumlaufen. Viele Leckereien sind für sie erreichbar, da zahlreiche Köstlichkeiten wie Straußensehnen, Rinderhautsticks, Pansen, Ochsenziemer offen in Bodennähe aufbewahrt werden. Diese überwältigende Auswahl verwirrt Miss Lomax, die in diesem Paradies in kürzester Zeit unmanierlich ein Kilo herunterwürgen könnte. Hektisch läuft sie von einer Duftwolke zur nächsten und schnappt sich ... nichts. Es ist Erntezeit, aber zu viel des Guten, sie kann sich nicht entscheiden. Reicht ihr der Ladenbesitzer ein Stück schnöden Pansen, ist sie regelrecht dankbar. Ich habe beobachtet, dass es nicht nur meinem Hund so geht. Wer stand nicht schon einmal vor einem Regal mit hundert Jogurts und hat schließlich keinen gekauft, weil ihm der Appetit vergangen war?

Erntezeit heißt keineswegs: von allem so viel wie möglich, sondern: wissen, was genau man möchte. Weil die Zeit dafür reif ist.

Weil heute beinahe alles zur Auswahl steht, dürfen oder müssen wir selbst entscheiden, welche Früchte des Älterwerdens wir am liebsten genießen. Und es gibt ja nicht wenige! Das war früher anders. Da herrschten klare Regeln, zum Beispiel im Trauerfall: mindestens ein Jahr schwarze Kleidung für die Witwe. Oder bei den Frisuren: verheiratete Frauen bitte hochgesteckt.

Viele Vorschriften pressten vor allem Mädchen und Frauen ins Korsett. Aber auch Jungen litten – ein Indianer kennt keinen Schmerz – zum Beispiel unter der kniefreien Hose, die sie regional bei jedem Wetter bis 14 zu tragen hatten. Kleidung war ein Stück weit Uniform, Dienstkleidung. Heute kann jede und jeder alles tragen, ohne Aufsehen zu erregen.

Die „Generation Ernte“ hat schon viel ausprobiert und kann es heute bunt treiben. Wenn sie will. Es herrscht kein Verhaltenskodex mehr wie früher für Menschen ab 40 oder mehr – von wegen: Du bist zu alt, um Tanzen zu gehen, du bist zu alt, um laut zu lachen, zu alt, dich zu verlieben und nackt im Gras zu wälzen. Okay, das tut Miss Lomax auch nicht, sie macht das nur befellt. Aber ihr Alter spielt bei ihren Bedürfnissen keine Rolle. Ihre Bedürfnisse haben sich im Alter verändert, also folgt sie ihnen. Ihr käme es gewiss nicht in den Sinn, sich zu überlegen, welche Gewohnheiten sie hinüberretten soll von der Saat- in die Erntezeit. Auf so eine bescheuerte Idee können bloß Zweibeiner kommen.

Zahn Los

Meine Oma, 1903 geboren, wurde im damaligen Greisenalter von über 40 Jahren überraschenderweise noch einmal Mutter. Als ich sie kennenlernte, war sie um die 60. Als sie etwa 65 war, beschloss ihr Zahnarzt, dass es nun Zeit für ein Gebiss sei. Alle Zähne wurden ihr gezogen, meinem Großvater ebenfalls. Die beiden waren über 60 und im Alter gehörte sich das so. Auch der grüne Lodenmantel, den seinerzeit sehr viele Rentnerinnen trugen, gehörte dazu. Und braune oder graue Röcke, die die Knie bedeckten, sowie bequeme Schuhe. Ältere Frauen sahen wie uniformiert aus: Lodenmantelgesichter unter grauen Haaren, häufig dauergewellt. Manchmal ging da etwas schief, und dann schimmerten die Haare bläulich oder lila. Das war der Lauf des Lebens – und der

Vorlauf des Punk. Man war jung und trug die Haare offen, man war Mutter und band sich eine Schürze um, man war Großmutter und Gebissträgerin – beziehungsweise das Glas, vor dem ich als Kind oft saß und es andächtig musterte. Unzählige Gebisse fristeten ihr Dasein in Gläsern, da sie oft schlecht saßen. Implantate gab es noch nicht. Also ließ man die Gebisse im Glas und sah erst recht alt aus.

Älterwerden ist kein Grund zum Jaulen – mit Implantaten an den richtigen, den wichtigen Stellen.

Nicht mal im Fasching wäre meine Oma auf die Idee gekommen, sich als junge Frau zu verkleiden, so wie ich einmal mit größtem Vergnügen als Großmutter maskiert war. Sie steckte gewissermaßen schon in mir, so wie die junge Frau in meiner Oma, mit der ich auch in ihrem hohen Alter eine einfallsreiche Spielkameradin hatte.

Was haben wir zwei für Blödsinn angestellt! Meine Oma war innen drin sehr unkonventionell, aber außen sah sie langweilig aus. Heute ist es oft andersrum, denn wer sehr viel Zeit darauf verwendet, jünger auszusehen, hat nicht mehr so viel Zeit für sein kunterbuntes Innenleben. Menschen geben unterschiedlich viel Geld aus pro Jahr, doch was die Zeit betrifft, haben wir alle den gleichen Kontostand. 31 Millionen 536 Tausend Sekunden sind es alljährlich am 1. Januar jedes Jahres auf unserem Zeitkonto. Pro Stunde werden 3600 abgebucht, egal, wie wir sie verbracht haben, ob mit Schönem oder Scheußlichem, Innerlich- oder Äußerlichkeiten.

Und das ist das Einzige, was mir bislang beim Älterwerden zum Jaulen erscheint: dass es einem so schwer gemacht wird inmitten des Überangebots an Möglichkeiten. Oder dass wir selbst es uns so schwer machen.

Und das in einer Zeit, in der alles ganz einfach sein könnte. Vielleicht machen wir es uns deshalb so schwer, weil wir mit dem Leichten nicht zurechtkommen?

Ständig ist was, und von allem ist zu viel, und nie kommt man zu dem, was man wirklich will, das sagen viele. Alle wünschen sich das Gleiche: Zeit für sich. Doch nur wenigen scheint das zu gelingen. Wer klaut uns die Zeit? Jeder sich selbst. Letztlich bin ich es, die entscheidet, womit ich mein Leben fülle, wem und was ich meine Aufmerksamkeit widme.

Abgespeist

Nicht umsonst heißt es: Wer die Wahl hat, hat die Qual. Miss Lomax schnappt sich im Tierladen keine leckere Rinderlunge, Lammluftröhre, Pferdenackensehne, kein Schweineohr und keine Kalbskopfhaut. Sie lässt sich aus Überforderung mit einem ordinären Pansen abspeisen.

Ich will mich nicht abspeisen lassen, ich will fulminant ernten! Und vor allem will ich Zeit ernten, die kostbarste Frucht in meinem jetzigen Lebensabschnittsrevier. Zeit für mich, Zeit mit Miss Lomax, Zeit, um in die Wolken zu schauen. Und es ist zum Jaulen, dass das so schwer ist bei all den Versuchungen, die aber wohl von Anbeginn zu Paradiesen gehören.

Manchmal sagen Leute über 60, dass sie sich auf ihre Rente freuen, weil sie dann endlich Zeit haben werden. Seltsam, dass mir noch nie eine Rentnerin, ein Rentner mit Zeit begegnet ist. Die meisten haben noch weniger Zeit als vorher, vielleicht, weil alle anderen glauben, ältere Leute müssten davon abgelenkt werden, dass sie so viel Zeit haben, und sie mit kleinen Gefälligkeiten und Besorgungen überhäufen. Und dann haben sie womöglich keine Zeit mehr für das, was ihnen wirklich wichtig ist. Für mich wären das nicht nur meine Arbeit, die lieben Menschen, die mich im Leben begleiten, und meine Hobbys. Sondern weit vorne: Miss Lomax. Wenn dauernd so viel anderes ist, habe ich zu wenig – wie heißt es so unschön – „Quality Time" mit meinem Hund.

Es ist ein Riesenunterschied, ob man den Hund behandelt wie ein Möbelstück: Er ist halt da, zwar braucht er dreimal täglich Spazierengehen und kriegt auch was zu essen, aber sonst soll er bitte nicht stören. Oder ob man sich ihm wirklich widmet, ohne ihn dabei zu vermenschlichen. Ich habe gemeinsam mit einer bekannten Hundepsychologin und -trainerin einige Bücher geschrieben, konnte sie bei vielen Mensch-Hund-Coachings begleiten und auch in ihre Ausbildung von Therapiehundeteams hineinschnuppern. Dabei habe ich oft beobachtet, dass die Vermenschlichung von Hunden eher zu Missverständnissen als zum beiderseitigen Glück führt. Hunde haben andere Bedürfnisse als Menschen. Kurioserweise gelingt es den Vierbeinern, die Zweibeinerbedürfnisse zu akzeptieren. Miss Lomax hat noch nie zu mir gesagt: Hey, musst du jetzt schon wieder lesen? Können wir nicht Ballspielen? Oder: Ich habe jetzt überhaupt keine Lust, mich streicheln zu lassen. Sie lässt es über sich ergehen, nein, mehr noch: Sie findet sich damit ab, nein, noch mehr: Sie akzeptiert die Situation, wie sie ist, und macht immer das Beste daraus. Zum Beispiel Dösen. Sie wechselt in den Stand-by-Modus und träumt sich irgendwohin, wo kein lästiges Frauchen an ihr rumkrault.

Die Zeit der Ernte ist eine entspannte Zeit. Die Pferdchen vor dem Wagen werden ausgespannt. Nicht ausgemustert, sondern einfach mal: auf die Weide. Ihr habt lang genug geackert. Jetzt kann man mal fünfe gerade sein lassen, sich auf den Rücken werfen und die Beine durch die Luft schlackern. Und jauchzen statt jaulen.

Kuschelpause

Mein Hund hat mich gelehrt, dass Antworten oft im Paradox verbuddelt sind. Miss Lomax spürt, dass ich Stress habe. Ein Abgabetermin rast wie ein Meteorit auf mich zu. Früher habe ich dann schon mal das Mittagsgassi verkürzt. Heute verlängere ich es. Und am Nachmittag gönne ich mir mein Anti-Stress-Zaubermittel: Hundstreicheln, Hundkuscheln. Schon nach kurzer Zeit fällt der Stress buchstäblich von mir ab – das kennen wohl die meisten Haustierfreunde. Wissenschaftler haben herausgefunden, dass dabei sowohl beim Zwei- als auch beim Vierbeiner das sogenannte Kuschelhormon Oxytocin vermehrt produziert wird: Wir entspannen, Stress wird abgebaut, Herzschlag und Blutdruck werden gesenkt. Das klappt natürlich nur, wenn der Hund zu dieser therapeutischen Sitzung bereit ist.

Es gibt Hunde, die fühlen sich von einem Kuschelangriff gestresst. Aber mit einem offenen Herzen für den Hund, mit Respekt und dem Erinnern daran, dass dies ein Geschöpf mit Würde ist, eine eigenständige Persönlichkeit, sollte es möglich sein. Kein Lebewesen gehört einem anderen. Wenn der Hund mir aus freien Stücken zeigt, dass er sich mir zugehörig fühlt – das ist Glück und mehr noch: ein kleines Wunder, aus dem ein großes erwächst. Sobald ich Zeit mit meinem Hund verbringe, vermehrt sie sich. Wie durch Zauberei habe ich mehr zur Verfügung. Eigentlich wollte ich, nein, eigentlich müsste ich zum Beispiel ein Telefonat führen, auf das ich keine Lust habe. Oder einkaufen. Oder einen Pflichtbesuch machen, weil es sich so gehört. Der schwanzwedelnde Hund kommt mir dazwischen. Ja, das Gassi heute morgen war recht kurz. „Ach, weißt du was, wir drehen eine Runde", beschließe ich spontan. Das SonnenLICHT lockt viel mehr als die PfLICHT. Und ein gutes Frauchen zu sein ist ja im weitesten Sinn auch Pflichterfüllung.

Wir laufen durch mannshohe Maisfelder. Miss Lomax erntet Kolben, ich ernte ... Zeit. Es geht uns gut. Und als wir nach Hause kommen, hat sie einen Bauch voller Körner und ich habe eine Stunde gewonnen, weil ich beschlossen habe, den Pflichtbesuch nicht nur nicht heute, sondern nie mehr zu machen, weil diese Beziehung ehrlicherweise am Ende angelangt ist. Miss Lomax hat mich zu dieser Erkenntnis geführt. Es ist so ähnlich wie beim Geben: Wer viel gibt, bekommt noch mehr zurück.

Viel bewusst erlebte Zeit mit dem Hund lässt aus verborgenen Winkeln neue Zeit sprießen.

Alles hat seine Zeit

Alles hat seine Zeit, so lautet einer dieser Sprüche, bei denen man als Kind die Augen verdrehte, die man aber im Lauf des Lebens versteht. Wie es auch sinngemäß heißt: Man lebt das Leben vorwärts und versteht es rückwärts.

In der Zeit der Ernte umzugraben, würde die Ernte zerstören. In der Zeit der Ernte zu säen, wäre vergebliche Liebesmühe. Es würde zudem den Genuss der Ernte schmälern, denn zum Genießen braucht es Zeit, und wer ständig ackert, dem fehlt sie. Wenn die Ernte reif ist, bleibt nichts weiter zu tun, als die Früchte einzubringen. Was ja auch ganz schön viel Arbeit ist, wenn man sie achtsam pflückt, sich vielleicht bedankt, weil die Früchte so saftig sind, die Kartoffeln so groß. Vielleicht legt man auch den einen oder anderen „Kümmerling" an einen besonders schönen Platz, damit er nachreifen kann, weil er noch nicht ganz fertig ist – wie wir Menschen. Zum Reifen ist es nie zu spät, bis zum letzten Atemzug können wir uns verändern, das hat man in der Altersforschung herausgefunden. Kurioserweise spielen Gesundheitseinbrüche, Großelternschaft oder Renteneintritt dabei nur eine kleine Rolle. Noch rätselt die Wissenschaft, woran es liegen könnte. Ich würde sagen: Erweitert euren Suchradius auf Vierbeiner!

Für Miss Lomax ist jeder Tag Erntezeit. Wenn wir rausgehen, dann ist das für sie stets eine Einladung zur Ernte. Dort ein Stück Brezel, hier ein Apfelbutzen. Sie bringt mir alles, legt es mir vor die Füße, schaut mich an. Manchmal sage ich „okay", manchmal sage ich „Lass es liegen". Hin und wieder zücke ich die rote Karte: „Igitt!"

Auf die Erntezeit folgt das Schläfchen, Gerüche müssen verdaut werden. Ein erwachsener gesunder Hund ruht 18 bis 20 Stunden am Tag, als Welpe oder wenn er krank ist, noch mehr. Ruhen heißt schlafen und dösen. Der Tiefschlaf, vier bis fünf Stunden täglich, ist besonders wichtig, denn hier verarbeitet der Vierbeiner die Ereignisse des Tages, so wie wir Menschen das auch im Schlaf tun. Wenn wir dem Hund das nicht gönnen, dann wird er nervös und wir auch, und manchmal steht am Ende eine unglückliche Mensch-Hund-Beziehung. Der Mensch will es richtig machen und bietet seinem Gefährten immer mehr Abwechslung und Spaß und Gassi an. Am Ende ist der Hund völlig überdreht wie ein übermüdetes Kind, das dringend ins Bett müsste, sich aber mit Händen und Füßen dagegen wehrt.

Das wusste ich bei meiner ersten Hündin, Luna, noch nicht. Ich dachte, sie braucht mehr Bewegung, um zur Ruhe zu kommen. In Wirklichkeit hätte sie weniger gebraucht.

Heute finde ich es sehr entspannend, dass der Hund gar nicht rund um die Uhr bespaßt werden muss. Es liegt wie bei einem Elternteil in meiner Verantwortung, den Rahmen für die Ruhe zu schaffen. Die Fürsorge für Miss Lomax und ihre Pausen hilft mir dabei, auch an meine eigenen zu denken.

Manche Hundefreunde sind der Ansicht, ihr Hund könnte doch genügend schlafen, wenn sie außer Haus seien. Doch richtig gut schläft er nur, wenn sein Rudel beieinander ist, dann hängt der Hundesegen gerade. Fehlt die Bezugsperson oder eben seine Familie, ist die Ruhephase nicht so erholsam.

Ich würde nervös werden, wenn ich 18 bis 20 Stunden am Tag schlafen würde. Bei aller Liebe gibt es doch viele Unterschiede zwischen Zwei- und Vierbeinantrieb. Aber auch vieles, was wir vom Hund lernen können. Und das schauen wir uns nun genauer an. Als Menschen würden wir die Lupe zücken, Hunde beriechen es.

Schnupperkurs Hundeweisheit

Wenn wir Menschen im Wald spazieren gehen und plötzlich etwas Knallrotes in den Büschen entdecken, laufen wir hin und finden ... eine Plastiktüte. Ein knorrig gewachsener Baum weckt unsere Aufmerksamkeit und die Bank an der Eiche. Auch in der Stadt folgen wir ständig optischen Reizen. Das türkise Cabriolet, eine Schaufensterauslage, ein wippender Pferdeschwanz, ein Muskelshirt mit apfelrundem Bizeps. Unser Blick bleibt an für uns interessanten Dingen hängen. Nicht anders ist es beim Hund. Doch er bleibt nicht mit den Augen, sondern mit der Nase an Interessantem hängen: Aha, da ist mein Feind vorbeigelaufen, da setze ich aber eine Markierung obendrauf, ui, hier riecht es nach Eichhörnchen, und was ist das? Hm, kenne ich noch nicht, muss ich in der Nase behalten. So, so, die Lola war heute morgen auch schon hier, oh, der geht es aber nicht gut, die riecht komisch, ich lass ihr mal ein paar Gute-Besserung-Tropfen da. Und was ist eigentlich mit Frauchen los heute? Die müffelt ein bisschen ...

Nein, so was denkt der Hund natürlich nicht. Er schnuppert es, was auch eine Art von Denken ist, berücksichtigt man, dass sich aus dem Riechkolben bei uns Wirbeltieren das limbische System und somit das emotionale Gehirn entwickelt hat.

Das Leben begann mit dem Geruch, und zwar vor zwei bis fünf Milliarden Jahren bei Lebewesen, die nur aus einer Zelle bestanden. Seither sind alle Tiere dieser Welt, egal ob Einzeller oder Mehrzeller wie wir Menschen, fähig, die Welt chemisch, also riechend, wahrzunehmen. Das Riechorgan dieses Makrosmatikers, so nennt man Nasentiere wie Hunde, ist phänomenal. Ich glaube, ich würde in Ohnmacht fallen, wenn ich einmal an der Geruchswelt eines Vierbeiners teilhaben könnte. Allerdings variiert die Menge der Riechzellen sehr stark, sogar von Hund zu Hund. Dackel haben geschätzt 125 Millionen Riechzellen, während ein Schäferhund ungefähr über 220 Millionen Riechzellen verfügt.

Wir Menschen dümpeln mit etwa fünf Millionen Riechzellen durchs Leben. Und sie lassen im Lauf unseres Lebens auch noch nach. Einen schwächeren Geruchssinn hat etwa jeder Vierte der über 50-Jährigen, bei den über 70-Jährigen sogar jeder Dritte. Gerade ältere Menschen leiden häufig an einer sogenannten Anosmie, bei der entweder gar keine Gerüche oder Gerüche nur noch schwach wahrgenommen werden können – was im Sommer, wenn ein langfelliger Hund gern badet, durchaus von Vorteil sein kann. Denn ein nasser Hund mit dickem Fell, das Stunden braucht, um zu trocknen, erinnert an die Käseabteilung in einer Turnhalle.

Leider geht der Geruchsverlust beim Menschen mit einem Geschmacksverlust einher, denn Riechen und Schmecken sind eng verwandt – bei Mensch und Tier. Wenn ich Miss Lomax ein Wiener Würstchen vor die Nase halte, ist es für sie schon höchster Genuss, diesen unbeschreiblichen Duft zu riechen. Vielleicht isst sie ihn riechend, und dann kann sie ihn ja ruck, zuck runterschlucken. Kauen, wie Menschen von Medizinern empfohlen wird – 20- bis 50-mal und gut einspeicheln – kann aus Hundesicht als überschätzt gelten. Vielleicht ist Menschengekaue gleichzusetzen mit Hundegeschnuppere.

Erkennungsdienst in der Nase

Wir Menschen verlieren permanent Hautschuppen. Weil unsere Körpertemperatur außer im Hochsommer meist wärmer ist als die Umgebung, steigen die gelösten Hautschuppen von unserem Körper mit der Luft auf und rieseln dann zu Boden. Je nach Windrichtung fallen die kleinen Partikel relativ gerade hinab oder werden zur Seite geweht, verfangen sich in einem Gebüsch oder werden weit weggetragen über ein freies Feld, einen belebten Platz in der Innenstadt, auf dem es von Hautschuppen nur so wimmelt. Was einem erfahrenen Suchhund nicht stört. Unbeirrt folgt er seiner Spur, bahnt sich den Weg durch Millionen von Hautschuppen. Wie an einer Schnur gezogen behält er die richtigen in der Nase.

Es ist für uns nicht schmeichelhaft, aber so ist es nun mal: Der Hund riecht einen Zersetzungsprozess, denn die Hautpartikel, die wir verlieren, sind mit Bakterien besiedelt. Sobald sie sich zersetzen, entstehen Gase – eine heiße Fährte für den Hund. Je nach Witterung vollzieht sich dieser Zersetzungsprozess schneller oder langsamer. Bei kühlem, feuchtem Wetter bleiben die Haut- und so auch die Geruchspartikel länger erhalten. Je wärmer es ist, desto schneller zersetzen sie sich. Ab zirka 15 Grad minus frieren sie ein, dann kann der Hund sie nicht mehr wahrnehmen.

Vielleicht ist es Ihnen schon einmal aufgefallen, dass Hunde am intensivsten schnuppern, wenn sich die Bodengegebenheiten verändern: Nach einem Herbststurm sind über Nacht viele Blätter von den Bäumen gefallen – da riecht die Welt anders. Auch nach dem ersten Schneefall und später, wenn der Schnee taut. Solche Veränderungen finden Hunde besonders interessant, vielleicht ist es so wie ein Umschalten von Schwarz-Weiß- auf Farbfernsehen und dann auf 3D und wieder zurück.

Manche Menschen haben ebenfalls eine sehr feine Nase und leiden enorm darunter, wenn ihr Hund diese schlimmen Dinge tut: sich in Igelscheiße wälzt, Pferdeäpfel frisst oder sich mit anderen ekelerregenden Gerüchen aus der Hitliste parfümiert: toter Fisch, Menschenkot, Gülle.

Wie ist das möglich, so eine gute Nase zu haben und sich dann in solch brechreizerregenden Scheußlichkeiten zu wälzen? Aber was wir zum Kotzen finden, kann für den Hund eine Delikatesse sein. Wir haben unterschiedliche Geschmäcker – nicht nur Mensch und Tier, auch Mensch und Mensch, denn wir nehmen denselben Geruch unterschiedlich wahr, so wie wir das Rot einer Kirsche unterschiedlich sehen können. Und kein Schiedsrichter kann entscheiden, wer recht hat. Sinnliche Eindrücke sind individuell und subjektiv.

Wie das Riechen funktioniert

Mit jedem Atemzug nehmen wir Moleküle aus der Umwelt auf, die entweder direkt in die Nase gelangen oder indirekt durch den Mund und weiter durch den hinteren Rachenraum in die Nasenhöhle. Wenn die Geruchsmoleküle die Nase erreichen, warten im oberen hinteren Teil der Nasenhöhle viele Millionen Riechsinneszellen darauf, mit den Molekülen eine Bindung einzugehen. Damit das funktioniert, transportieren Trägermoleküle die Geruchsmoleküle durch die Nasenschleimhaut, serviceorientiert direkt bis an die Sinneszellen, die an ihrer Zellwand mit sogenannten Riechrezeptoren ausgestattet sind. Diese Rezeptoren erkennen die einzelnen Moleküle nach einem Schlüssel-Schloss-Prinzip. Menschen und Säugetiere besitzen etwa eintausend unterschiedliche Riechrezeptoren, die alle über unsere Gene regelmäßig neu gebildet werden. Die Genfamilie, die für die Bildung der Geruchsrezeptoren zuständig ist, macht drei bis vier Prozent unseres gesamten Erbgutes aus und ist damit unsere größte Genfamilie. Kein anderes Organ, Körper- oder Sinnessystem erhält mehr Platz auf unserem Erbgut – ein klarer Hinweis auf die Bedeutung dieses Sinnes im System Mensch.

Unsere eintausend Riechrezeptoren sind auch deshalb so bemerkenswert, weil wir im Vergleich mit anderen Sinnen nur vier Rezeptorarten für das Sehen, drei für Farben und eine für Grautöne im Portfolio haben. Zudem kann jeder der eintausend Rezeptoren grundsätzlich unterschiedliche Formen annehmen, sodass bei einem Menschen die eine Form vorkommt und bei seinem Nachbarn eine andere. Im Durchschnitt unterscheiden sich zwei Menschen in etwa einem Drittel ihrer Geruchsrezeptoren. Da nun jeder dieser Rezeptoren viele Moleküle schwach erkennt und hoch sensitiv für ein ganz bestimmtes Molekül ist, erkennt jeder Mensch in einem Duftbouquet individuell bestimmte Noten. Unsere Geruchswahrnehmung ist also ein idiosynkratischer Sinn, ein privater Sinn: Wir alle nehmen unsere geruchliche Umwelt auf unsere ganz persönliche Art wahr. Den Duft von Blumen, von Wald, von Obst, von Menschen gibt es nicht. Obwohl wir alle bestimmte Nuancen gleich wahrnehmen, bleibt der Geruch eines Duftes, der meist aus vielen Hundert Molekülen besteht, immer subjektiv. Von Mensch zu Mensch und erst recht von Mensch zu Hund.

Somit können wir nicht erschmecken, welche Lüste dem Hund „Düfte" bereiten, die uns mit Ekel erfüllen. Von allen Sinnen funktioniert der Geruchssinn bei Hunden am längsten gut. Wer in einem Haus mit Garten wohnt, kennt das allmorgendliche Recherchieren des Hundes, der erst mal gründlich abschnuppert, wer in der Nacht alles zu Besuch war: Nachbars Katze, ein Marder, Mäuse, Ratten, ein Siebenschläfer. Erkennungsdienstlich sind uns die Hunde nicht bloß wegen ihrer Nase haushoch überlegen, sie setzen auch ihr Jacob'sches Organ ein. Bei uns Menschen ist dieses Chemielabor verkümmert und stillgelegt. Wir können die Überreste noch fühlen, am besten mit der Zungenspitze: ein kleiner Hügel hinter unseren Schneidezähnen. Und leider kompensiert das Wachstum der Nase diesen fehlenden Sinn nicht, so wie auch die im Alter größer werdenden Ohren das Hörvermögen nicht verbessern.

Ein Hund führt mit dem Jacob'schen Organ aufwendige Untersuchungen durch. Das sieht man ihm manchmal auch an, wenn er die Schnauze leicht öffnet und wieder schließt und ein klapperndes, pumpendes Geräusch macht. Manchmal produzieren Hunde dabei Schleim, spezielle Lösungen, um die im Reagenzglas ihrer Nase gefangenen Partikel in ihre Bestandteile aufzuspalten und zu analysieren. Alle Hunde haben gute, manche sogar hervorragende Nasen wie die Jagdhunderassen, allerdings nicht von Anfang an. Ein Welpe findet manchmal kaum das Leckerli, das man ihm vor die Pfoten wirft. Je nach Rasse, häufig im Alter von etwa neun Monaten, wacht seine Nase auf. Nun interessieren die Hunde sich vermehrt für ihre geruchliche Umwelt. Wenn man die Hundenase dann noch trainiert, erbringt sie Spitzenleistungen. Aber auch ein untrainierter Hund lässt sich von den Verbrechertricks, die man zuweilen in Filmen sieht, nicht überlisten – wenn der Bösewicht durch ein Flussbett flüchtet, um die Hunde, die ihn verfolgen, zu irritieren. Geruchspartikel verliert er trotzdem.

Auf die folgende Fährte, Hundeweisheit aufzuspüren, habe ich meine vierpfotige Muse angesetzt. Schon hebt sie den Kopf, streckt die Nase in den Wind, während sie ganz ruhig bleibt, hoch konzentriert. Ich sehe, dass sie Luft durch die Nase einsaugt, in kurzen Stößen atmet. Auf diese Weise kann sie bis zu 300-mal in der Minute atmen und sehr, sehr viele Geruchspartikel aufnehmen, die in ihrem Gehirn, in der sogenannten Riechrinde, dem olfaktorischen Kortex, verarbeitet werden. Im Vergleich zum Menschen ist dieser zehnmal größer und stellt die Schaltzentrale für die Geruchswahrnehmung dar.

Es würde mich nicht wundern, wenn das Jacob'sche Organ ein Weisheitsorgan wäre, denn es verrät so viel: Wen können wir riechen und wen nicht? Was lässt uns die Nase rümpfen? Und wovon haben wir die Schnauze voll? Und so schalten wir nun unser Jacob'sches Organ ein und finden heraus, was uns in der Erntezeit guttut und was nicht. Was bleiben darf und was sich ändern soll. Ganz im Sinne Joseph Jouberts: „Das Alter raubt dem geistreichen Menschen nur die für die Weisheit zwecklosen Eigenschaften.“

Die 1. Weisheit: Ich will kein Labrador mehr sein

Miss Lomax ist eine Labradorin. Auch Hunde-Nichtkenner wissen häufig eine Peinlichkeit über diese Rasse: Sind das nicht die Verfressenen, die nie satt werden? So isst es.

Dem Labrador wird ferner Freundlichkeit, Sanftmut, Gutmütigkeit, Zutraulichkeit und Bewegungsfreude zugeschrieben. Er gilt als lernfähig und das hoffe ich zu sein auf dieser Fährte zum gelassenen Älterwerden. Einen Jagdtrieb haben wir beide: Miss Lomax sucht gern Gegenstände und Menschen beim Mantrailing; ich bin auf der Jagd nach Geschichten, und, okay, ich esse ebenfalls gern. Bei Schokolade werde ich selten satt.

Am meisten wird bei der Rassebeschreibung des Labradors sein *will to please* hervorgehoben, womit er ein idealer Anfänger- und Familienhund ist. Der Labrador will gefallen: Die Familie ist nicht zu Hause, ein Einbrecher steigt ins Haus ein. Schwanzwedelnd begrüßt der Labrador ihn und trägt das Diebesgut hilfsbereit zum Auto.

Wenn man in den 1960er- und 1970er-Jahren groß wurde und nicht das Glück oder Pech hatte, mit Hippie-Eltern zu leben, war das Labradorkind das Maß aller Dinge: „Brave Kinder hört und sieht man nicht."

Die Zeiten der schwarzen Pädagogik waren zwar vorüber, doch dunkel- bis hellgrau ging es auch danach noch in vielen Familien zu. Dass ein Kind auf offener Straße geohrfeigt wurde, regte niemanden auf, wie auch, wenn einem Hund ein Fußtritt verpasst wurde. Das hat sich zum Glück geändert. Das Kinds- und wie immer mit einiger Verzögerung das Tierwohl haben heute einen hohen Stellenwert. Viele Ältere sagen: Hin und wieder eine Tracht Prügel hat mir nicht geschadet. Aus mir ist trotzdem was geworden. Ja, trotzdem, nicht deswegen.

Mit Gewalt kann man Gehorsam erreichen. Aber keine vertrauensvolle Beziehung zu einem anderen Lebewesen aufbauen. Also genau das, was das Herz weich, weit und warm macht. Gewalt härtet Herzen.

Allgemein betrachtet man den Einfluss der Kindheit heute nicht mehr als so gravierend wie noch vor einigen Jahrzehnten, als eine schlechte Kindheit quasi zum Versagertum verdammte und auch vieles entschuldigte. Oder manchen dazu diente, es sich in ihrem Unglück durchaus bequem einzurichten. Wer 60 ist, bei dem macht die prägende Kindheit ein Zwanzigstel des Lebens aus ... da ist viel Luft nach oben, in der man auch andere Erfahrungen sammeln konnte.

Dennoch gibt es manche Botschaften, die wir als Kinder mit der Muttermilch geschluckt haben. Wir glauben, sie gehören zu uns. In der Psychologie bezeichnet man so etwas als Introjekt: eine unfreiwillige Verinnerlichung von Werten und Normen im Rahmen der Sozialisation eines Menschen. Ein braves Mädchen sein, das haben viele Frauen verinnerlicht, auch heute noch, obwohl es kilometerhohe Stapel an Lebenshilfebüchern zum Thema gibt nach dem Motto: „Brave Mädchen kommen in den Himmel, böse kommen überallhin."

Hundeweisheit: Freu dich, dass dir ein E gewachsen ist. Von brav (lieb) zum englischen brave (mutig)! Dieser

Zuwachs ist kein Grund zum Jaulen – es ist ein Grund zum Jauchzen!

In vielen hilfsbereiten, freundlichen, sich für andere zerreißenden Frauen wedeln brave Labradorinnen. Sie denken immer zuerst an alle anderen und selten an sich. Man kann sie rund um die Uhr um Gefallen bitten, auch mitten in der Nacht bei einer Autopanne. Sie backen Kuchen für die Vereinsfeier, engagieren sich in der Hausaufgabenbetreuung, im Büro sagen sie zur jüngeren Kollegin: „Geh du nur, ich mach das schon." Gute Geister, ohne die die Welt kein so schöner Ort wäre. Oft sind sie in einem Ehrenamt oder mehreren Ehrenämtern engagiert. Ja, die Welt wäre ärmer ohne sie. Solange sie in Saft und Kraft stehen, geht das auch gut, und viele von ihnen versichern, dass sie mehr zurückbekommen, als was sie geben. Doch irgendwann ab der Lebensmitte werden manche Ämter zum Ärgernis, zur Last. Und wer immer ein braves Mädchen sein wollte und sich nie getraut hat, das E auszuprobieren, *bravE*, der und die kommt nun in die Bredouille. Der *will to please* verhindert nicht nur die große Selbstverwirklichung, sondern auch viele kleine Freuden des Lebens, für die man gern Zeit hätte.

Im Labrador steckt so gut wie kein Aggressionspotenzial. Er ist quasi zahnlos. Dabei hat er ein starkes, kräftiges Gebiss. Mit dem beißt er jedoch nicht zu. Er benutzt es zum Tragen. Als Jagdhund soll er erlegtes Wild suchen und bringen und es unterwegs nicht tackern. Weiches Maul, heißt das in der Fachsprache.

Als zweibeinige Labradorin, die ich nicht mehr sein will in diesem Lebensabschnitt, bin ich leider oft auch ein wenig zahnlos, was mir erst einfällt, wenn ich Ja zu einer kleinen Bitte von irgendwem sage und dann merke, dass ich vorschnell zugesagt habe. Ich mag es gern harmonisch und habe stets gern für andere apportiert. Doch das hat sich geändert, als mir auffiel, dass ich dabei auf der Strecke blieb.

Weg mit dem R! Und aus dem Frauchen wird ein Fauchen!

60!

Wenn ich ständig für andere unterwegs bin, bleibt wenig Zeit für entspanntes Gassi mit Miss Lomax, für Sport, Tanzen, Bücher und In-die-Wolken-Schauen. Als ob das Argumente wären, die bei anderen zählen: „Ich kann dir leider nicht helfen, ich möchte lieber eine Weile Wolken betrachten." Also müsste ich in solchen Situationen lügen. Etwas Dringendes vorschieben. Das wollte ich auch nicht, und so tat ich brav meine Dienste, vorbildlicher Labrador – bis zu meinem 60. Geburtstag. Ich wachte morgens auf und wusste, dass ich ab sofort keine Labradorin mehr sein will. Diese runde Zahl schenkte mir den Mut, dafür einzustehen. Brave Heart! Brave Labrador! Oder war es ein ganz besonderes Geburtstagsgeschenk von Miss Lomax, deren weißes Haar mir zeigte, dass ich nicht bis in alle Ewigkeit Zeit dazu habe, Schönes mit meinem Hund zu erleben? Es war auch Miss Lomax, die mir beibrachte, wie ich mein neues Sozialverhalten sanft, labradorisch in die Tat umsetzen kann. Kurz: Wie ich freundlich, aber bestimmt Nein sagen kann.

Wenn ich beispielsweise möchte, dass Miss Lomax vom Garten ins Haus kommt und sie das nicht will, knurrt sie mich keinesfalls an. Sie duckt sich leicht und wedelt ein bisschen: „Muss ich wirklich, ich möchte viel lieber draußen bleiben."

„Na gut“, sage ich dann meistens.

Wenn sie in mein Arbeitszimmer will und die Tür verschlossen ist, bellt sie nicht, sondern stößt mit dem Kopf einmal ein bisschen an den Klimpervorhang. Wenn Frauchen schon nicht in der Lage ist, zu riechen, dass ihre Muse davorsteht, dann wird sie es hoffentlich hören!

„Na gut, komm rein“, sage ich und öffne die Tür. Dass sie das nicht selbst tut, halte ich keineswegs für Unfähigkeit, sondern Höflichkeit, denn sie kann sehr viele andere Dinge, was ich fast schon unheimlich finde. Und sie sieht aus wie ein waschechter Labrador. Manchmal frage ich mich in letzter Zeit, ob sie ein Wolf im Schafspelz ist, ob sie den *will to please* dazu nutzt, mich zu manipulieren. Wer führt unser Team eigentlich an?

In unserer langjährigen Freundschaft hat sie mich so tief durchschaut, dass sie genau weiß, wie sie ihre Bedürfnisse an mir vorbeischmuggeln kann, und ich vermute, dass ich das oft nicht mal merke. Und wenn doch, dann macht es mir zunehmend weniger aus.

Als Miss Lomax noch sehr jung war, beharrte ich oft auf die Erfüllung meiner Befehle. Ich nenne sie eigentlich lieber Bitten. „Sitz“ und „Platz“ und „Bleib“, all die Klassiker. In der Hundeschule galten wir als Streber, alles ging ganz einfach, oft kam sie meinen Wünschen – braves Mädchen – zuvor. Kaum dachte ich etwas, da machte sie es schon. Wir gingen in der Stadt spazieren, und ohne, dass ich es ihr beigebracht hätte, setzte sie sich an Bordsteinkanten. Vor Weggabelungen blieb sie stehen. Kam ein Fahrrad, lief sie zu mir zurück und reihte sich ins Fuß ein, ohne dass ich es verlangt hätte. Ihre Geschäfte verrichtete sie am Wegesrand. Niemals bettelte sie um Snacks, und wenn ich ihr Essen zubereitete, blieb sie ruhig auf ihrem Platz, bis ich „Mahlzeit“ sagte. Und sage. Das ist alles noch immer so. Fast.

Wenn ich rufe, kommt sie. Aber nicht mehr wie ein geölter Blitz. Sie lässt sich Zeit. Nun, sie humpelt ja auch.

Wenn ich zweimal „Platz“ sage, setzt sie sich hin. „Platz“, wiederhole ich. Und dann dauert es, und auf dem Weg zum Boden frage ich mich, wieso Sitzen nicht genügt, und schmunzle „Okay“ und sie bleibt sitzen. Wenn ich „Nur noch eine Zwetschge“ sage, holte sie sich zwei oder drei.

Als es noch darum ging, meine Führungsstärke zu zeigen, die wichtig ist, damit sie sich sicher fühlt bei mir, hätte ich interveniert. Jetzt sage ich nichts oder grinse. Und ich glaube, sie grinst auch. Vielleicht will sie auch kein Labrador mehr sein, wie Albert Einstein irgendwann vielleicht auch keiner mehr gewesen sein wollte: „Ich habe ein Alter erreicht, in dem ich dann, wenn mir jemand sagt, ich solle Socken tragen, das nicht tun muss.“

Es ist relativ. Wann ist es wichtig, Regeln einzuhalten, wann macht es Sinn und wann ist es purer Drill? Oder eben ein altes Muster, das sich längst überlebt haben sollte, das wir aber, weil es als Introjekt so geschickt versteckt ist, nicht erkannt haben.

Selbst gefällig

Ich war wie so oft mit dem Hund am See. Zuerst schwamm er wie immer ein langes Stück mit mir, dann drehte er um. Am Ufer stand eine Menschengruppe, zum Glück nicht hell gekleidet, wie ich vom Wasser aus erkennen konnte. Am Ufer lagen auch meine Schuhe und ein Hundespielzeug, das eine Frau nun aufhob und in den See schleuderte. Was Miss Lomax nicht beachtete.

Die Gruppe konnte mich wegen der ausladenden Weide am Ufer nicht sehen und bemühte sich mit zunehmender Verzweiflung, dem Hundi zu erklären, dass er das Balli holen soll. „Hol's, bring's Balli, bring, such, such, such, apportier's ..." An Miss Lomax tropften diese Gesuche ab. Am Ende beugten sich fünf, sechs Zweibeiner über sie und gestikulierten wild in Richtung Wasser. Ich musste so sehr lachen, dass das Schwimmen schwierig wurde. Ich stellte mir Miss Lomax' Gedanken vor:

Kenn ich die Leute?

Wieso soll ich denen was holen?

Habe ich sie gebeten, mein Spielzeug ins Wasser zu werfen?

Wieso nennen die das Ball? Das ist definitiv kein Ball.

Wieso soll ich ihnen das jetzt rausfischen?

Noch dazu kriege ich keinen Feiertagszuschlag, und heute ist Sonntag.

Ich schwamm auf das Spielzeug zu und warf es nun selbst ein Stück weg. Mit einem Riesensatz hechtete Miss Lomax ins Wasser. Für mich holte sie es. Weil ich ihr wichtig bin. Weil wir ein Team sind. Weil wir zusammengehören. Weil wir uns liebhaben.

Wie oft apportiere ich Gefälligkeiten für Leute, die mir eigentlich egal sind?

Warum mach ich das?

Was krieg ich dafür, außer schlechter Laune, weil ich dann weniger Zeit für die Dinge habe, die ich gern mache?

Nein ist keine Kleinigkeit

An der Supermarktkasse: Ich habe drei Kleinigkeiten in der Hand, ein junger Mann mit zirka sieben Waren drängelt sich vor. „Bitte, ich hab's eilig", sagt er. Natürlich. In seinem Alter hat man es immer eilig. Ich habe es nicht eilig. Aber ich will kein Labrador mehr sein. „Nein“, sage ich.

Das irritiert den jungen Mann. In seinen Augen bin ich eine alte Schachtel, die nichts zu tun hat, außer Leuten, die *busy* sind, im Weg zu stehen.

Das freut mich. Es ist schon lange kein Kompliment mehr für mich, wenn jemand sagt: Du bist wohl im Stress? Denn das bedeutet, dass mit meinem Zeitmanagement etwas nicht stimmt. Ende des letzten Jahrtausends war es *in*, im Stress zu sein, dann war man nämlich wichtig. Heute sind nur noch Low Performer im Stress, die ihre Work-Life-Balance nicht halten und sich nicht abgrenzen können. Weshalb sich viele, die am Limit sind, den Anschein geben, total entspannt zu sein. Ich glaube, sie sagen oft „Alles gut“ – eine Redewendung, die ich für eine Lüge halte. Andererseits kann man sich das aber auch selbst wie ein Mantra vorsagen. Oder dem Hund. „Alles in Ordnung“, sage ich zu Miss Lomax, die sich aber nicht hinters Licht oder besser gesagt hinter den Geruch führen lässt. Sie weiß genau, wenn Frauchen unaufgeräumt ist. Nämlich, wenn sie Stress hat.

Ein Labradorgebiss ist stark und kräftig, wenngleich es nicht eingesetzt wird. Ich zeige meines gern im öffentlichen Raum, im sozialen Miteinander. Ich lächle, wenn mir jemand die Vorfahrt lässt, wenn mir jemand Fremdes freundlich in die Augen schaut, wenn man mir nett begegnet. Doch ich habe nun auch ein Bewusstsein für meine Reißzähne entwickelt. „Nein“, sage ich. „Ich bin nicht damit einverstanden, dass der Titel meines Buches in letzter Minute vor dem Druck geändert wird.“ „Nein“, lehne ich ab. „Ich unterschreibe diese Petition nicht.“ So etwas löst Irritationen bei meinen Gegenübern aus, wie auch ein Nein mich kurzzeitig selbst aus dem Gleichgewicht bringt. Dann aber wieder fest zu stehen ist ein gutes Gefühl. Es haut mich nicht um, und ein Nein steht jedem zu. Es ist keine Ohrfeige für mich oder von mir. Es sind vier Buchstaben.

Ich kann auch die Zähne fletschen. Wenn ich mit dem Hund an der Straße ohne Bordstein gehe und ein Auto mit fünf Zentimetern Abstand an mir vorbeifährt. Den Fahrer habe ich an der Bäckerei ... gestellt. Oder war es Miss Lomax?

Und wenn es sein muss, kann ich sogar knurren. Beim ersten Mal bin ich selbst erschrocken, doch dann habe ich gemerkt, dass es richtig Spaß machen kann. Und es hat sich im Lauf der Jahrzehnte auch einiges angestaut in der Kehle, weil ich zu viel runtergeschluckt habe. In der Regel übernimmt Miss Lomax das Knurren aber für mich.

Wenn eine Frau einen großen schwarzen Hund an der Seite hat, macht das schon Eindruck, falls man sich nicht gesichert in seiner Blechrüstung fühlt. Ich kann aber auch damit leben, dass die Ehre Miss Lomax gebührt. Die kann richtig furchterregend aussehen, wenn sich ihr Fell sträubt. Da wird sie ein Fünftel größer, mindestens. Diese Sträubung sieht bei mir eher lächerlich aus, so ein bisschen Gänsehaut flößt keinem Respekt ein. Deshalb hoffe ich still und leise und heimlich, dass mir irgendwann Haare auf den Zähnen wachsen. Steht das einer Frau in meinem Alter nicht zu, wenn sie Glück hat? Bis dahin kann ich gelegentlich Zähne zeigen, indem ich Nein sage. Ich tue es labrador-like, wie ich es von meinem vierbeinigen Coach gelernt habe. Ich weiß, dass ich meine Zeit aktiv verteidigen, meine Grenzen schützen muss, wenn ich meine Vorsätze umsetzen möchte und das Älterwerden genießen will, das ja keine Wiederholung von Bekanntem, sondern etwas Nigelnagelneues sein soll. Übrigens lebt es sich auch deutlich gesünder und gelassener, wenn man seine Grenzen klug setzt.

Wenn die Labradorin Zähne zeigt

Nein ist ein Zauberwort, weil es die Eintrittskarte in den Freiraum ist. Man kann es einfach aussprechen, ohne vorher gestretcht oder sich Mut angetrunken zu haben. Letztlich ist es nur ein Wort, auch wenn es solchen Zauber entfaltet. Man muss es nicht herausschießen wie ein Hund, der sich angegriffen fühlt. Oder wie der berühmte Mann aus Paul Watzlawicks Klassiker „Anleitung zum Unglücklichsein", der den Hammer leihen wollte. Man kann es auch freundlich wedeln.

Am besten ist es, das Nein in normalem Tonfall zu sagen – nicht aggressiv, nicht rechtfertigend, nicht entschuldigend, aber mit fester Stimme und Augenkontakt. Das kennen Sie gewiss aus der Kommunikation mit Ihrem Vierbeiner. Wenn Sie entschieden auftreten, weiß er, dass er Ihre Mütze, die er von der Garderobe geklaut hat, weil sie so köstlich nach Herrchens Hirnschmalz riecht, hergeben muss. Lachen Sie bei Ihrem Nein, wird die Mütze bis zur Gehirnerschütterung herumgeschleudert.

Sprechen Sie mit Zweibeinern, können Sie ein „Hm" vor Ihr Nein setzen. Damit signalisieren Sie, dass Sie sich die Sache überlegt haben. Sie weichen das Nein auf und machen es Ihrem Gegenüber leichter damit umzugehen, und vielleicht fühlt es sich für Sie auch besser an. So, wie wir es kennen, wenn wir dem Hund eine Grenze mit einem Nein setzen und danach das Bedürfnis haben, ihn kurz zu berühren, zu streicheln – ohne unser Nein zurückzunehmen. Oder „braver Hund", zu sagen, wenn er das Nein respektiert und sich demgemäß verhält.

Bei aller Freundlichkeit: Ein Nein ist immer eine Abfuhr, und die muss das Gegenüber wegstecken. Unreife Menschen können manchmal nicht gut mit einem Nein umgehen. Sie nehmen es im Gegensatz zu Hunden nämlich persönlich. Ein Hund schüttelt sich und gut ist.

Eine weitere Möglichkeit, Gefälligkeiten fallen zu lassen, ist es, dass Sie bei den Anliegen, die an Sie herangetragen werden, um Bedenkzeit bitten, anstatt automatisch Ja zu sagen. Gewöhnen Sie sich einen Satz an wie: „Lassen Sie mich darüber nachdenken", „Gib mir eine halbe Stunde, dann melde ich mich dazu" oder Ähnliches. Wenn Sie dann absagen, wirkt ihr Nein weicher. Sie haben sich offenkundig ernsthaft Gedanken gemacht in dem Wunsch, eine Bitte zu erfüllen, konnten es dann aber nicht tun. Zudem haben Sie Ihre Gewissenhaftigkeit unter Beweis gestellt, da Sie sich zuverlässig gemeldet haben. Und den Satz „Lass mich eine Nacht darüber schlafen", kennt man nicht nur aus Filmen, sondern vielleicht auch aus eigener Erfahrung.

Wenn Sie absagen: Rechtfertigen Sie sich nicht. Es genügt, wenn Sie mitteilen: Leider kann ich es nicht tun. Sie müssen nicht erklären, warum, dabei würden Sie Augenhöhe einbüßen. Es genügt ein: „Leider ist es mir nicht möglich." Oder: „Ich hätte dir wirklich gern geholfen." Solche Formulierungen machen Ihre Absage wiederum weicher, die ja immer auch eine Zusage ist: Sie sagen Ja zu sich selbst und Ihren Bedürfnissen.

Warum sollen alle anderen wichtiger sein als Sie? Sie sind der wichtigste Mensch in Ihrem Leben! Sie dürfen und können Ihr Leben gestalten, sonst wäre es wirklich zum Jaulen!

Möglich ist es auch, ein Nein mit einem Prinzip zu erklären: Ich verbringe das Wochenende prinzipiell mit meiner Familie. Ich verleihe mein Auto aus Prinzip nicht. Sie müssen nicht erklären, dass es daran liegt, dass Ihr

Hund dafür kein Verständnis hat. Miss Lomax ist schon pikiert, wenn nur ein Handtäschchen im Auto in ihrem Bereich steht. DAS IST MEINE FAHRENDE HÜTTE! Ganz anders ihre Vorgängerin Luna. Unvergessen die Fahrt mit vier Reifen auf der Rückbank und irgendwo dazwischen der liebe geduldige Hund, der im Freien ein Energiebündel war und sich gar nicht genug verausgaben konnte. Nie habe ich Miss Lomax, das Energiesparmodell, so hecheln gehört wie Luna, die sich die Lunge aus dem Leib rannte. Sie sah auf den ersten Blick genauso aus, war aber ein völlig anderer Mensch. Wenn ich so einen Satz sage, merke ich, dass vor allem Nicht-Hundeleute ein bisschen komisch reagieren wegen des hohen Status, den Vierbeiner im Zweibeinerrudel haben. Wobei es heute vielerorts toleriert wird, dass Hunde zur Familie gehören. Das war in meiner Jugend anders. Da standen Tiere tief unter den Menschen und das tun sie auch heute noch, wenn sie das Pech haben, ein Nutz- statt ein Haus- vor dem Namen zu tragen. Das ist wirklich zum Jaulen.

Wenn Sie Nein sagen, muss das nicht für alle Zeiten gelten. Sie können es eingrenzen: Im Moment passt mir das nicht. Im Augenblick geht es leider nicht.

Und dann wedeln Sie freundlich und verabschieden sich. Es ist überhaupt kein Drama daraus geworden, obwohl Sie Nein gesagt haben. Die Erde umkreist noch immer die Sonne, die Kontinente haben sich nicht verschoben ... oder doch? Zu Ihren Gunsten und zur Freude Ihres vierbeinigen Freundes, für den Sie jetzt mehr Zeit haben.

Die 2. Weisheit: Wedeln macht gute Laune

Das Wedeln ist das Lächeln des Hundes. Es bedeutet jedoch nicht nur gute Laune, sondern kann auch Verlegenheit oder Beschwichtigung oder Ängstlichkeit signalisieren, so wie wir Menschen das ebenfalls mit unserem Lächeln verraten. Für Hunde gibt es viele Gründe, zu wedeln. Man hat sogar herausgefunden, dass es Rechts- und Linkswedler gibt, und wer mit einem Hund lebt, kennt die vielfältigen Ausdrucksmöglichkeiten des Hunderuders. Und wir Zweibeiner lassen uns davon anstecken, richtig?

Älterwerden ist kein Grund zum Jaulen, sondern zum Wedeln!

Am wildesten wedelt Miss Lomax beim Dummytraining. Das klingt doof, ist aber in Wirklichkeit eine ziemliche Herausforderung für den Hund. Dabei wird ein sogenannter Dummy versteckt, den der Hund mit Nasenarbeit aufspüren und apportieren soll. In der Lernphase verwendet man dazu gern ein Behältnis mit Leckerlis, also Futter, was den Hund hoch motiviert. Bringt er den Futterdummy zurück – idealerweise, ohne ihn unterwegs zu zerfetzen –, erhält er von Herrchen oder Frauchen eine Belohnung. Diese wird irgendwann überflüssig, weil das Training, das ihn begeistert, für den Hund bereits eine

Belohnung ist. Ursprünglich stammt diese Methode aus England und dient zur Vorbereitung für die Jagd, bei der die Hunde helfen, erlegte oder auch verletzte Tiere schnell zu finden und zum Jäger zu bringen. Als begeisterte Dummyjägerin interessiert Miss Lomax sich nicht für Wild. Unvergessen ist mir der Hase, den ich mit meinem Dummy nur knapp verfehlte. Erschrocken sprang er aus der Wiese und rannte blitzschnell nach links. Miss Lomax würdigte ihn nicht mal eines Blickes, sie kümmerte sich um die wirklich wichtigen Dinge, nämlich den Dummy. Wenn Rehe vor uns den Weg kreuzen, manchmal auch recht nah, bleibt Miss Lomax stehen und wirft mir über die Schulter einen Blick zu: „Das ist jetzt kein Dummy, oder besteht Handlungsbedarf?" „Dableiben", sage ich ruhig und gerührt wie eine Mutter.

Natürlich war das nicht von Anfang an so, aber mit der Zeit haben sich unsere Herzen eingeschwungen, wir wedeln im Takt.

Ich bin oft sprachlos, wenn Miss Lomax fast schon gemein versteckte Dummys findet. Manchmal helfe ich ihr ein wenig, stehe auf einer Wiese und spiele Verkehrspolizistin, weise nach links und rechts. So arbeiten wir im Team, und das macht mich sehr stolz auf meinen kleinen Bazi, ein anderes bayerisches Wort für Hundling. „Klein" muss hier stehen, weil der Stolz so groß ist. Ich glaube, dass auch Hunde stolz sind oder Befriedigung darüber verspüren, wenn etwas glückt. Nach einer schwierigen Suche läuft sie anders. Federnder, sie wirkt größer, schwungvoll. Sie hat was geschafft. So geht es mir ja auch, sobald ich zum Beispiel ein Kapitel beendet, sozusagen ein Thema für meine Leser apportiert habe. Ich bin beschwingt, gut gelaunt, bei einem psychologischen Test wäre mein Selbstbewusstseinswert vermutlich erhöht.

Wenn Miss Lomax arbeitet, pendelt ihre Rute in einem ganz bestimmten Rhythmus, gespannt und sehr schnell. Hin und wieder habe ich mich gefragt, wann der ganze Hund abhebt. Und warum sie nicht aus dem Gleichgewicht gerät. Wenn ich mit dem Po heftig hin und her schwenke, bereitet es mir Schwierigkeiten, gerade zu laufen, aber ich bin ja nur mit Zweibeinantrieb unterwegs.

Als mein lieber Hundling zu humpeln begann und Arthrose diagnostiziert wurde, stellte ich das Dummytraining ein. Mit dem Resultat, dass ein todunglücklicher Hund neben mir schlurfte, dem ich nicht nur beim Älterwerden, sondern Altsein zusehen konnte. Nein, das war keine Lösung. Ich stellte mir vor, wie es wäre, wenn man mir das, was ich mit viel Freude betreibe, wegnehmen würde? Zum Beispiel tanzen. Nun gut, ich tanze nicht mehr wie vor 20, 30 Jahren, aber auch wenn ich nicht wie auf einem Trampolin in die Luft springe, so kann ich mich doch ziemlich flott bewegen. Davon abgesehen glaube ich, dass das Eingeständnis mir selbst gegenüber, dass ich weniger geschmeidig bin wie vor Jahrzehnten, stärkeren Muskelkater verursacht als das spürbare Fahrgestell nach dem wilden Tanzen am nächsten Morgen.

Das Schwierigste am Älterwerden ist es, damit einverstanden zu sein.

Das Unausweichliche des Alters zu akzeptieren, ist für mich noch nicht die Endstation. Ich akzeptiere auch einen Strafzettel oder dass meine Bankfiliale geschlossen hat und ich auf Onlinebanking umstellen musste. Es gefällt mir nicht, aber ich arrangiere mich. Ich würde gern einen Schritt weiter gehen und die Veränderungen annehmen, so wie es Hunden gelingt. Die mit jeder Situation zurechtkommen, ohne zu jaulen. Grenzen also nicht nur hinnehmen, sondern neugierig herausfinden, was innerhalb der neuen Grenzen möglich ist, ohne sich eingesperrt oder eingeschränkt zu fühlen. Mit Entdeckergeist: Leute, was geht?

Kunstgriff

Es gibt eine inspirierende Geschichte über den Pianisten Arthur Rubinstein, der auf die Frage, warum er mit 80 noch so gut spielen könne, sinngemäß antwortete, dass er sein Repertoire verkleinert habe. Deshalb könne er die ausgewählten Stücke intensiver üben, wodurch er sich technisch verbessere. Zudem wendete er einen kleinen Kunstgriff an: Vor besonders schnellen Passagen verlangsamte er das Tempo. So erschienen diese Passagen schneller. Hat er getrickst? Nein, er hat akzeptiert und angenommen, das Beste daraus gemacht. Als Zweihänder hat er dazu einen Plan geschmiedet. Vierpfoter machen das, unterstelle ich, aus dem Bauch heraus. Und ich behaupte, dass es nicht einfacher ist, die Herausforderungen der Jugend zu bestehen als die des Alters. Es begegnet uns immer etwas, an dem wir uns weiterentwickeln können. Wir sind ja auch nicht alt, wir werden es, wir wachsen hinein – idealerweise wedelnd.

Und trotzdem lassen Miss Lomax und ich es manchmal krachen. Da macht das Spielen einfach zu viel Spaß. „Noch mal, noch mal, noch mal!" Bis die hoch pendelnde Rute ein Stockwerk tiefer sinkt. Oder – kluger Hund – Miss Lomax mir signalisiert, dass es jetzt genug ist. Am Tag nach der „Party" humpelt sie dann grauenhaft. Aber das gibt sich auch wieder, weiß ich heute. Beim ersten Mal machte ich mir Vorwürfe: Wie konnte ich den Hund nur so überlasten! Doch jetzt denke ich: Das muss auch mal sein, so wie ich gelegentlich unvernünftig bin und nur noch einmal, noch einmal und noch einmal mit dem Lift nach oben fahre, obwohl ich doch dankbar sein sollte, den Skitag bis jetzt heil überstanden zu haben und obwohl ich weiß, dass auf den letzten Abfahrten die meisten Unfälle passieren, weil die Muskeln müde sind. Noch einmal! Und dann wedle ich den Hang hinab.

Schön war's. Und schön, dass es noch möglich ist. Der Wedelfreude tut das Humpeln keinen Abbruch. Und das Alter dem Pianisten auch nicht: „Warum ich mit über 80 Jahren noch täglich Klavier übe? Na, weil ich den Eindruck habe, dass ich Fortschritte mache", sagte Arthur Rubinstein. Das glaube ich auch, denn Fortschritte bemessen sich nicht nur in Tempo, sondern auch in Tiefe und Ausdruck. Vielleicht kommt es darauf sogar am meisten an, was man jedoch nur mit einem ausgebildeten Gehör wahrnehmen kann – und diese Windungen benötigen Zeit, um zu wachsen.

Drei Säulen für ein gelassenes Älterwerden

Nach dem international bekannten Berliner Gerontologen Paul Baltes steht ein zufriedenes Leben im Alter auf drei Säulen, SOK abgekürzt: Selektion – Optimierung – Kompensation.

Selektion meint das Auswählen und Priorisieren von Zielen. Dadurch nimmt unser Handeln eine klare Richtung. Wir richten unsere Aufmerksamkeit auf jene Ressourcen, die wir benötigen, um unsere Ziele zu erreichen. Ressourcen sind begrenzt und werden im Alter weniger, deshalb ist es klug, nicht auf zu vielen Hochzeiten tanzen zu wollen. Dazu gehört es, im Verlauf des Lebens die Ziele, die man erreichen möchte, immer wieder anzupassen, denn naturgemäß verändern sich die Gegebenheiten oder das Umfeld, in dem man lebt.

Bei der **Optimierung** steht das Training im Vordergrund, wie es Arthur Rubinstein beschrieb.

Kompensation bedeutet, dass verlorene Fähigkeiten durch neu erworbene oder bisher ungenutzte Ressourcen ersetzt werden. Oder auch, dass man Ziele durch die Unterstützung anderer Personen oder mit Hilfsmitteln und effizientem Training erreicht. Erfahrung kann ebenfalls beim Kompensieren helfen.

Da wir in einer Welt voller verlockender Angebote leben, die uns Entscheidungen zunehmend schwer machen, ist die Selektion für die meisten Menschen die größte Herausforderung – wie für meinen Hund im Tierladen. Sich auf etwas festzulegen, heißt auf andere Möglichkeiten zu verzichten, die ja vielleicht nicht weniger reizvoll erscheinen. Von allem ein bisschen macht eher unzufrieden, als dass es erfüllt.

Miss Lomax hat mich gelehrt, dass man auch humpelnd wild wedeln kann. Selbst wenn man nicht mehr rund läuft, muss man sich keinesfalls in Watte packen, sondern seine Möglichkeiten immer wieder neu ausloten, neue Routen suchen und sich mit schwingender Rute orientieren. Das ist ein ähnlicher Kunstgriff wie die Methode von Arthur Rubinstein!

Tutorial Treppenlift

Wenn wir Menschen Zipperlein haben, beanspruchen wir oft Hilfe, um keinen Komfort einzubüßen oder unser gewohntes Leben aufrechtzuerhalten. Hilfsmittel sind wir von Kindesbeinen an gewöhnt: Tragegurt, Kinderwagen, Schwimmflügel, Stützräder. Als ich selbst noch ohne Hund lebte, machte ich mich schon mal lustig über Vierbeiner mit Mäntelchen und über Frauchen und Herrchen sowieso. Heute weiß ich, dass manche Hunde wirklich erbärmlich frieren, weil ihnen, nicht selten zuchtbedingt, das wärmende Unterfell fehlt. Besser wäre es, wir würden, anstatt den Hund in Mäntelchen zu hüllen, Qualzuchten per Gesetz verbieten.

Schämt sich ein Hund im Mantel? Nein, aber vermutlich lässt er ihn sich nicht gern anziehen. Wenn er dann draußen herumtobt, hat er ihn vergessen. Es ist, wie es ist, und was die anderen denken, ist ihm wurscht. Hunde sind nicht eitel, sie laufen nach einem Tierarzteingriff auch mit einem Trichter am Hals herum, den sie nach einer Weile vergessen und stattdessen wieder fröhlich wedeln.

Meine Nachbarin, 86, wollte keinen Rollator, schließlich sei sie noch nicht alt. Nach einem Sturz akzeptierte sie ihr Alter nicht nur, sondern freundete sich sogar mit dieser Gehhilfe an. Was heißt hier „dieser“, sie hat drei oder vier Rollatoren, alle bunt behäkelt, damit sie nicht so trist aussehen. Meine Nachbarin sagt: „Der Rollator ist jetzt mein bester Freund. Der ist mir eine größere Stütze als mein Mann – Gott hab ihn selig – es jemals war. Der hat mich ja nicht mal über die Schwelle getragen“, gluckst sie. „Und draufsetzen kann ich mich auch. Also auf den Rollator.“ Neulich erzählte sie mir von ihren Plänen für einen Treppenlift. „Ich würde dann aber auch das Treppengeländer behäkeln. Das könnte ich machen, während ich auf dem Liftstuhl sitze.“ Ich bin gespannt, wie der Hippie-Flur der alten Dame in Zukunft aussehen wird!

An einen Treppenlift habe ich auch schon mal gedacht – für Miss Lomax. Vielleicht eine Kiste, die per Flaschenzug nach oben gezogen wird. Vielleicht braucht sie aber auch keinen und tut nur so, damit ich mich mit dem Thema befasse und irgendwann winkend, also wedelnd nach oben fahre wie die Seniorinnen in der Werbung. Eigentlich ist das Leben mit dem älterwerdenden Hund ein Tutorial. Er bereitet mich vor und wedelt mir die Angst vor dem Alter weg.

An Hunden können wir im Zeitraffer sehen, was uns ... blüht!

Miss Lomax’ Hilfsmittel zur Lebensfreude sind nun leichtere Dummys, und wir trainieren kürzere Distanzen und Zeiten und auch nicht mehr so häufig. Ich habe mir ein paar andere schöne Spiele einfallen lassen. Und da kam er zurück, der Propeller am Hinterteil des Hundes. Ich erinnerte mich daran, wie ich selbst mit Mitte 30 wegen einer langwierigen Achillessehnenentzündung auf sehr viel verzichten musste, das für mich unabdingbar zur Lebensfreude gehörte. Es war enorm schwer für mich als „Bewegungstier", zu Langsamkeit und Ruhe verdammt zu sein. Vermutlich stellte ich das Wedeln komplett ein. Doch natürlich ist es etwas anderes, ob man Aussichten auf Besserung hat oder auf den Anfang vom Ende blickt. Und es liegen wer weiß wie viele Sekunden, Minuten, Stunden, Tage und Wochen und Monate und hoffentlich auch Jahre zwischen hier und dem Ende. Sollen die einfach so rumliegen und vor sich hingammeln? Ich nutze die Zeit lieber und spiele, wenn auch achtsamer, mit Miss Lomax. Wobei ich lerne, auch mit mir selbst achtsamer umzugehen. Ich mache langsamer für den Hund, weil ich es für mich nicht täte. Am Ende stellt sich noch heraus, dass der Hund nur so tut, als ob, damit ich es lerne! Das würde ich ihr glatt zutrauen.

Es ist nun mal so: Nicht immer ist alles so, wie man es sich wünscht. Wer will schon Arthrose haben! Es gibt nun mal Dinge, die nicht zu reparieren sind, auch wenn ich es von Herzen gerne möchte. Es ist nicht möglich. Aber es ist möglich, mit einem Schmerz, einem Verlust, mit Arthrose zu leben und Schönes zu erleben. Das lehrt mich Miss Lomax, die sich von der Knochenwucherung nicht sehr stark beeinträchtigen lässt. Humpelt sie, weil das Gelenk völlig versteift ist? Oder schmerzt es? Und wenn ja, wie sehr? Hat sie sich das Hinken vielleicht sogar angewöhnt, so wie ich damals wegen der Achillessehne, die ich heute gar nicht mehr spüre. Jetzt ist mein Hund meine Achillessehne, während mein Hund, glaube ich, sich gut mit der Beeinträchtigung arrangiert hat. Vielleicht wedelt sie den Schmerz weg. Vielleicht schafft sie es, dieser Stelle nicht so viel Beachtung zu schenken.

Was mir leider meistens nicht gelingt. Wenn es irgendwo zwickt, konzentriere ich mich erst recht darauf, und aus dem Zwicken wird ein Zwacken. Miss Lomax konzentriert sich auf das Spiel, das mit hoher Adrenalinausschüttung verbunden ist, und das dämpft das Schmerzempfinden. Davon abgesehen ist sie vermutlich deutlich schmerzunempfindlicher als ich, wenn ich mich daran erinnere, wie wild sie früher mit Artgenossen gespielt hat. Ich bin auch schon einige Male Kopf an Kopf mit ihr zusammengestoßen, und für mich war das extrem schmerzhaft, während sie sich einmal schüttelte, weiterwedelte und gut war's. Vielleicht sollte ich mir das auch mal angewöhnen – schütteln, wedeln, weiter!

Es ist egal, weshalb du wedelst. Hauptsache, du tust es!

Schwer ist leicht was

Miss Lomax hat in ihrer Jugend mit Begeisterung geschleppt. Alles, woran ein „Chen“ hing, hat sie verschmäht: Stöckchen, Bällchen – nein danke. Es mussten halbe Bäume sein und schwere Bälle. Ihre Kraft, Ausdauer und Hartnäckigkeit haben mich beeindruckt. Wie oft hat sie meterlange Stämme durch den Wald geschleift und entsetzt aufgeschrien, wenn sie damit nicht durch zwei im Weg stehende Bäume kam. Nie hat sie aufgegeben.

Auch nicht, als sie einen ziemlich verspannten Nacken hatte. So wie ich manchmal, wenn ich zu lange vor dem Bildschirm sitze. Was tun? In meinem Fall: Gymnastik. Miss Lomax musste lernen, leichter zu tragen, und das gefiel ihr gar nicht. Wie sollte sie Spaß daran haben, diese lächerlichen „Chens“ durch die Gegend zu balancieren? Es dauerte eine Weile, in der ich konsequent nur Leichtgewichte für Spiel und Spaß einsetzte. Miss Lomax lernte, dass Frauchen die großen Dinger nicht mehr so toll findet. Solche ignorierte ich nämlich – für die

Hundegesundheit. Während ich selbst mich oft sträflich wenig um meine Gesundheit kümmerte. Ich schleppte weiter tonnenweise Buchstaben durch meinen Alltag und lud mir in manchen Jahren mehrere Bücher auf. Wie schwer ich schleppte, merkte ich gar nicht, denn es machte mir ja Freude. Und außerdem musste ich Geld für Hundefutter verdienen. Den Hund hingegen wollte ich schonen. Wie es eben immer ist, wenn man liebt: Man kümmert und sorgt sich um die Liebsten und vergisst sich selbst. Man gönnt den Liebsten alles und sich selbst wenig. „Das geht schon." „Das passt schon."

Es ist schwer, es sich leicht zu machen. Aber beim Älterwerden wird es immer leichter.

Aber wenn einem dann der Himmel auf den Kopf fällt, haben die Liebsten auch nichts davon. Der über mir ist nach wie vor blau, doch in meinem Freundeskreis sind Wolken aufgezogen. Je älter, desto höher die Wahrscheinlichkeit für Zipperlein oder einen ausgewachsenen Zipper. Und dann sagt man diese Sätze: „In Zukunft werde ich ..." „Wenn ich gewusst hätte, dass ich ..." „Nie wieder will ich ..."

„Ich will solche Sätze nicht sagen", erklärte ich Miss Lomax, die im Auto ein Nickerchen gemacht hatte, während ich einen Freund im Krankenhaus besuchte. Blöder Satz, dachte ich, und fügte hinzu: „Das will ja keiner."

Tock, tock, tock machte es auf der Rückbank. Das war kein freudiges Wedeln, eher ein beschwichtigendes. „Man hat es nicht in der Hand", fuhr ich fort. Und dachte, dass das nur zum Teil stimmt. Miss Lomax gähnte. Zeigte sie mir, dass ich mich mit Allgemeinplätzen vor dem unabänderlichen Lauf der Dinge drückte? Aber in meinem Leben, jetzt im Moment, konnte ich es gut machen.

So gut wie möglich. Das steht mir immer offen. „Haben wir eigentlich das Dummy dabei?", fragte ich mich.

Die Wedel-Währung

Es ist Herbst geworden, und noch nie war er so sommerlich wie diesmal. Am liebsten wäre ich ständig draußen. Aber Bücherschreiben erfordert Sitzfleisch. Der Wetterbericht sagt, sieben Tage soll der späte Sommer noch währen. Sieben Tage. Die will ich mir gönnen. Sitzfleischtrainieren kann ich später auch noch, beschließe ich, und verbringe jeden Tag mit Miss Lomax zwei Stunden am See. Wir schwimmen und wedeln um die Wette. Später liegen wir auf der Matte, sie dicht bei mir. Seit einiger Zeit legt sie sich gern nah zu mir. Von vielen anderen Hunden weiß ich, dass sie beim Älterwerden zum Stalking neigen. Auch selbstbewusste Hunde fühlen sich nun am wohlsten in der Nähe ihrer zweibeinigen Bezugsperson und tapern ihr von morgens bis abends hinterher. Ich bin gespannt, ob die unabhängige Miss Lomax das auch einmal tut. Bislang lässt sie mich noch allein zur Toilette – ich hoffe, es bleibt so! Und auch ihre Fitness, ihr Seh- und Hörvermögen. Das alles kann sich ändern, von Demenz sind manche Hunde ebenfalls betroffen. Aber jetzt ist alles noch gut. Jetzt ist noch Spätsommer.

Nach dem herbstlichen Schwimmen am See wedelt meine Seele beglückt. Meine Hand ruht auf dem Hunderücken, ich spüre, dass sie einschläft, dann träumt.

Sieben Tage Sommer. So kostbar, weil es nur noch sieben sind, wenn ich dem Wetterbericht Glauben schenke. Am Anfang des Sommers wäre es zu verschmerzen gewesen, mal einen Tag schwimmen zu schwänzen. Da lagen scheinbar unendlich viele Gelegenheiten vor mir.

Doch nun sind es sieben Tage und deshalb sind sie besonders kostbar. Ähnlich kostbar wie das Sehen und Hören und das Gedächtnis störungsfrei funktionieren. Das ist alles nicht selbstverständlich. Sieben Tage, das ist wenig in einem langen Leben und lang in einem kurzen Leben. Miss Lomax, die es bei kälterem Wasser wie jetzt bevorzugt, am Ufer zu bleiben – während Luna im Winter sogar das Eis wegbiss, um ein Bad zu nehmen –, schwimmt mit so viel Freude neben mir, dass ich mich frage, ob sie den *end of summer* auch spürt. Oder ob sie sich von meiner Freude über diese geschenkten Tage anstecken lässt. Ist auch egal. Es ist schön, und von Dankbarkeit erfüllt fahre ich nach Hause.

Früher wäre ich mit dem Rad unterwegs gewesen, heute ist die Strecke zu lang für Miss Lomax. Und irgendwann wird sie vermutlich auch für mich zu lang sein. Aber deswegen werde ich trotzdem schwimmen. Und wedeln. Die Herausforderung heißt nicht verzichten, sondern umschichten.

Wie viel ist dir genug? Wie viel kannst du leicht schultern? Wann wird es anstrengend und schwer, sodass du das Wedeln vergisst? Lade diese Lasten ab, die dich innerlich jaulen lassen. Geh erleichtert weiter mit den Menschen und Dingen, die dir wichtig sind. Und mit deinem Hund.

Am Abend, als ich diesen Tag lobe, beschließe ich, von nun an jeden Tag dreimal heftig zu wedeln. Denn ein Tag ohne Wedeln ist ein verschenkter Tag. Zuerst überlege ich, eine Liste zu schreiben, wobei ich für gewöhnlich wedle. Aber das klingt mir dann zu sehr nach Wedel-Buchhaltung, und ich will mich lieber überraschen lassen. Es könnte ja sein, dass ich ganz neue Wedel-Verursacher entdecke. Und wenn mal alles grau ist, schleudere ich meinen Po wie eine Bauchtänzerin von links nach rechts, und das ist dann ganz gewiss ein Grund zum Wedeln, auch für Miss Lomax, die mich begeistert umtänzelt.

„Das ist es!“, rufe ich, und Miss Lomax springt auf. Ein Grund zum Wedeln ist zum Beispiel, wenn es Essen gibt. Das ist nämlich nicht selbstverständlich. Auch dass die Regale in den Läden voll sind und ich mir Lebensmittel kaufen kann. Ein Grund zum Wedeln ist es, wenn ich mich in mein kuschliges Bett lege. Wenn ich liebe Menschen treffe. Wenn die Sonne scheint, ach: Wir müssen aufpassen, dass wir keine Inflation kriegen bei so viel Anlass zum Wedeln!

Und ich darf das: mich einfach so durchs Leben wedeln. Ich habe es amtlich. Ich bin älter, und wenn ich alt bin, darf ich noch viel mehr! Ich darf nicht nur leicht tragen, ich darf es mir auch leicht machen. Schwer war es lang genug.

Wedel sei der Mensch, hilfreich und gut.

Die 3. Weisheit: Weitsicht schärft den Blick

Als meine Oma älter wurde, sah man das auch ihrem Haushalt an. Vormals tipptopp, entdeckte ich bei meinen Besuchen zunehmend Nachlässigkeiten.

„Soll ich mal eben das Bad putzen?", fragte ich.

„Das ist lieb von dir, Ela, aber ich habe heute morgen gründlich alles geputzt."

Ich wischte heimlich ein bisschen in der Hoffnung, dass Oma es nicht merken würde. Denn so, wie sie den Schmutz nicht sah, sah sie ja auch den Nicht-Schmutz nicht. Oma war weitsichtig und kurzsichtig und fand ihre Lesebrille nicht, sie hatte nur eine, und die war, weil sie sich draufgesetzt hatte, mit Leukoplast zusammengeklebt. Was Omas Lebensfreude kein bisschen trübte.

Schade, dass ich sie nicht mehr fragen kann, wie das so ist mit dem wirklichen Älterwerden, auf das ich mich zubewege. Hoffentlich. Denn es kann einen auch plötzlich „vom Stangerl hauen" wie die Wellensittiche meiner Oma, die alle Hansi hießen. Von meiner Oma hätte ich gewiss andere Antworten bekommen, als sie heute gegeben werden. Ganz einfach, weil die Bewertung dieses Lebensabschnitts – von wegen weise – sich stark verändert hat, wenngleich die Anzeichen die gleichen geblieben sind. Allerdings treten viele heute erst später auf. 60 ist das neue 50, wie 50 das neue 40 ist. Und das gilt ein

Stück weit sogar für Haustiere, die häufig in die medizinische Rundumvorsorge mit aufgenommen werden, inklusive Krankenkasse. Brillen für Hunde habe ich bislang nur im Motorrad-Beiwagen gesehen. Doch ich hätte Luna gern eine aufgesetzt, zu deren Hobbys es gehörte, den Kopf aus dem Autofenster zu strecken. Je schneller ich fuhr, desto toller, im Rückspiegel ihre flatternden Ohren. Die Augen hat sie fest zugekniffen, sie hat vermutlich die Geruchsachterbahn genossen.

Manchmal, wenn ich das Badezimmer putze, fällt mir meine Oma ein. Ich stehe dann in der Tür, betrachte mein Werk und frage mich, ob es wirklich sauber ist, denn die Lesebrille würde ich zum Putzen nicht aufsetzen. Ist ja keine Wischbrille. Die schwarzen Haare von Miss Lomax, die sie im Frühling und Herbst zuhauf verliert, sehe ich auf den hellen Böden. Wobei es auch dunkle Böden gibt. Was ich alles nicht sehe, weiß ich nicht, weil ich es ja nicht sehe. Zum Beispiel die Zahl auf der Waage. Was für eine Erleichterung!

Weitsicht ist die Fährte zur Nachsicht.

Auch einem Hund bleibt so manches verborgen. In der Wissenschaft ist noch nicht absehbar, wie es um das Sehvermögen der Vierbeiner bestellt ist. Früher glaubte man, sie würden lediglich Schwarz und Weiß sehen. Heute weiß man, dass sie durchaus Farben unterscheiden, allerdings nur Gelb-, Blau- und Grau-Nuancen, vergleichbar mit einem Menschen, der rotgrünblind ist. Das hundliche ist also ein weit kleineres Farbspektrum als das menschliche. Wenn ich einen roten Ball in eine grüne Wiese werfe, ist Miss Lomax wirklich gefordert, weil sie umschalten muss auf Nase, und Riechen ist anstrengender als sehen. Das merke ich ihr auch an. Zunächst läuft sie scheinbar kreuz und quer, sie versucht es mal auf die einfache Art. Irgendwann schaltet sie die Nase ein, der Kopf senkt sich, die Arbeit im Chemielabor wird aufgenommen. Ich stelle mir vor, dass das so ähnlich ist, wie wenn ich mit schwierigen Situationen konfrontiert bin, vor allem im zwischenmenschlichen Bereich. Ich kann denselben Stiefel wie immer fahren und automatisiert reagieren, hoffen, dass ich irgendwie durchkomme. Oder ich schalte mein Hirn an, in dem sich ja auch der Riechkolben befindet, und suche bewusst nach einer Lösung. „Das Alter ist ein Aussichtsturm", meinte Hans Kasper, und den besteige ich gerne.

Es brennt!

Wenn die Ampel rot ist, halte ich an. Wenn ein roter Zettel auf einem Manuskript klebt, ist es dringend. Rot bedeutet Alarm – den mein Hund gar nicht sieht. Also lebt er gelassen in einer alarmfreien Zone? Wer bestimmt eigentlich darüber, was alarmierend ist? Wie wichtig ist ein klinisch sauberes Badezimmer? Wie wichtig ist es, den Wagen heute und nicht nächste Woche durch die Waschanlage zu fahren, einen Anruf zu tätigen, etwas Bestimmtes zu besorgen ... Wie oft habe ich rotgesehen und Tätigkeiten als dringend eingestuft, die es nicht waren. Gewiss gibt es wirklich Wichtiges. Doch in vielen Fällen besteht Spielraum. Ich arbeite freiberuflich und bin an keine Öffnungszeiten gebunden. Dennoch handle ich oft so, als müsste ich manches zu bestimmten Zeiten erledigen. Zu oft, habe ich gemerkt, als ich begann, die Welt durch die Augen von Miss Lomax zu betrachten, was bedeutet: Rot ist ausgeblendet.

Es gibt nichts, was so dringend wäre, dass es mir den Atem raubt, den Tag versaut. Und wenn doch, dann habe ich vorher geschludert und werde es beim nächsten Mal besser machen.

Seltsamerweise wurde die Welt dann nicht grau, sondern bunter. Mein Blutdruck ging vermutlich runter. Ich will nicht mehr so oft rotsehen! Grün soll es sein, so wie draußen. Und blau wie der Himmel. Genau so, wie der Hund es mir vorlebt. Es ist keine eingeschränkte Sicht, sondern weise, wie ich neulich schlussfolgerte, als ich ein Buch über den antiken Philosophen Seneca las, der zu dem Schluss kam, dass alle Menschen Fehler haben. Klingt banal? Ist aber, wie so viele Weisheiten, die auf den ersten Blick zu einfach klingen, phänomenal. Denn wenn alle Menschen Fehler haben, dann brauche ich mich erstens nicht mehr darüber aufzuregen, wenn die Dinge anders laufen, als ich es will. Und zweitens bin ich auch ein Mensch – selbst, wenn ich hin und wieder damit liebäugle, bei mir als Hund anzuheuern – und kann mir nachsichtiger begegnen.

Seneca, der vermutlich vier Jahre vor unserer Zeitrechnung geboren wurde und 65 nach Christus starb, empfahl, sich diese Fehlerhaftigkeit immer wieder ins Gedächtnis zu rufen, gerade, wenn wir das Haus verlassen und also mit Fehlern konfrontiert werden könnten. Nun, damals musste man dazu tatsächlich außer Haus gehen. Heute kommen die Fehler via moderner Kommunikation ins Haus. Dabei neigen wir dazu, nur die der anderen zu sehen, damals wie heute: „Für fremde Fehler", wusste Seneca, „haben wir ein scharfes Auge, unsere eigenen sehen wir nicht."

Gerade in der hitzköpfigen Jugend fällt es oft schwer, Irrtümer, denen man aufgesessen ist, zuzugeben. Man möchte sich reinwaschen, man möchte fehlerfrei sein und schlimmstenfalls perfekt. Das ist aber sehr stressig und kostet enorm viel Zeit. Und es kann niemals gelingen, wie wir auch heute immer wieder sehen. Denn wir leben in einer Gesellschaft, in der, wann immer etwas schiefgeht, ein Verantwortlicher gesucht wird. Man weist die Vorwürfe zurück, man rechtfertigt sich, man schrubbt an seiner weißen Weste, die immer schon fleckig war, weil wir Menschen sind. Diese Vertuschungsversuche kosten viel Zeit und bringen keine Lösungen. Wie entspannend wäre es, sich realistisch freizusprechen: *shit happens.*

Wenn wir das verstehen, eben weil wir als Menschen Fehler haben und machen, wenn wir unseren Fokus von der nicht zu erreichenden Perfektion auf das, was ist, richten, dann können wir allem, was kommen mag, gelassen entgegenblicken. Und wir können es mit Muße genießen, weil wir Zeit dafür haben. Es verschleißt nämlich auch sehr viel von dieser Zeit, sich ständig zu überlegen, was man tun könnte, um nicht älter zu werden, um jünger zu wirken, warum andere nicht tun, was man von ihnen erwartet. Oder wenn man tut, was man glaubt, das andere von einem erwarten.

Fata Morgana

Wenn das mit dem Älterwerden gut gelingt, begreift man irgendwann, dass man keinen Einfluss auf das Leben anderer hat. Sogar als Eltern ist man machtlos. Jeder Mensch ist ein Individuum. Und je weniger wir uns darüber aufregen, wenn andere nicht tun, was wir gerne hätten, desto entspannter leben wir. Doch oft sind wir davon überzeugt, genau zu wissen, was gut für sie wäre. Voller bester Absichten übersehen wir die tatsächlichen Bedürfnisse anderer oder unterstellen ihnen niedere Beweggründe, wenn sie nicht das tun, was wir zu wissen glauben, das gut für sie wäre. Leider kann sich aus so einem Gedankenkarussell ein (Alters-)Starrsinn entwickeln. Und das ist das Gegenteil von geschmeidigem Älterwerden, das uns immer toleranter werden lässt. Obwohl unsere Vierbeiner es uns Tag für Tag vorleben: Sie nehmen unsere Macken nicht allzu ernst, sondern wedeln sie anmutig fort. Friedrich der Große hat wohl viel davon verstanden, denn er meinte: „Hunde haben alle guten Eigenschaften des Menschen, ohne gleichzeitig ihre Fehler zu besitzen."

Manchmal hilft man anderen genau damit, es sein zu lassen, ihnen helfen zu wollen.

Das gilt auch in Hinblick auf meinen Hund. Ich möchte ein gutes Frauchen sein und den Hund bespaßen, der jetzt viel lieber ein Nickerchen machen würde. Ich habe von mir auf ihn geschlossen. Ich habe gedacht: „Seit zwei Stunden auf dem Sofa – das ist doch langweilig." Ja, für mich wäre es das. Für den Hund nicht.

Ich sehe das, was du nicht siehst

Jetzt ist die beste Zeit für einen Perspektivenwechsel. Wenigstens einen kleinen, ich bin ja nur ein fehlsehender Mensch, kein Hund, der in der Lage ist, Licht im UV-Spektrum zu erkennen und sogar Urinspuren oder fluoreszierende Gegenstände bei Tageslicht wahrnimmt. Seit an Seit laufe ich mit meinem Hund auf demselben Weg, und wir befinden uns doch in zwei völlig anderen Welten. Es gibt viele Sichtweisen auf die Dinge, und das zu leugnen, wäre ein schwerwiegender Fehler.

Miss Lomax' Welt riecht nicht nur anders als meine, sie sieht auch anders aus. Und die von anderen Tieren sieht noch mal anders aus. Ich weiß auch nicht, ob Sie, liebe Leserinnen und Leser, das Gleiche sehen wie ich. Es kommt immer darauf an, worauf wir unsere Aufmerksamkeit richten. Der eine denkt beim Anblick eines Tischs an die Art des Holzes, der andere daran, wie dieses Material zu reinigen ist oder an eine hübsche Tischdecke, und der Hund prüft den Geschmack des Beins. Im Lauf des Lebens sehen wir die Dinge, die sind, ebenfalls anders. Zum einen aufgrund unserer nachlassenden Sehkraft, zum anderen hoffentlich aufgrund unserer zunehmenden Weisheit.

Vieles, was mir früher wichtig war, was ich begehrlich angestarrt habe, ist nun an den Rand des Blickfeldes gerückt.

Neue Perspektiven haben sich eröffnet, und dabei hat mir ein Stück weit auch mein Hund geholfen. Wenn wir draußen sind, überlasse ich ihr häufig die Führung und gehe einfach hinter ihr her. Ich versuche zu sehen, was sie riecht. Ich versuche zu erkennen, was sie sieht. Ich versuche das Spannende an ihrer Welt nachzuempfinden. Im Winter läuft sie oft schwanzwedelnd über schneebedeckte Wiesen, kreuz und quer, die Schnauze am Boden. Wenn der Schnee getaut ist, offenbaren sich für mich unzählige Mäusestraßen. Miss Lomax hat sie längst mit ihrer Nase gesehen. Ich habe wie blind auf eine geschlossene Schneedecke gestarrt.

Manchmal sehen Zweibeiner allerdings auch Tunnels und Gräben, wo gar nichts ist. Neulich im Duschraum des Fitnessstudios unterhielten sich zwei junge Frauen, die aussahen, als würden sie nach Milch und Honig duften, stöhnend über ihre Mängel, die sie geradezu genüsslich aufzählten: zu spitze Knie und Doppelkinn und breites Gesicht und, und, und. Am liebsten hätte ich ihnen zugerufen: „Freut euch an dem, was ist!"

Vermutlich habe auch ich selbst, als ich nigelnagelneu war, viel gefunden, was ich an mir verbessern wollte. Wenn ich mich heute auf Fotos betrachte und denke: „Um Gottes willen, das soll ich sein?", dann vermute ich, dass ich in zehn Jahren mit Wehmut meine heutige Jugend bestaunen werde. So sagte ich mir das selbst: „Freue dich an dem, was jetzt ist."

Dieses Blühen würde ich gern jetzt schon feiern, nicht erst irgendwann. Und überhaupt würde ich mich gern an der Blume in jedem Seinszustand erfreuen, wenn sie als gelber Puschel aus der Erde spitzt und später als weißer, flockiger Löwenzahn vergeht. Ich würde zudem gerne das „Aus-" vom „Sehen" trennen und dankbar sein für das, was ich sehe, anstatt es zu bewerten. Ich glaube nicht, dass ein Hund bewertet. Und ob er dankbar ist? Nun, er ist. Wenn man ihn in seiner Lebensfreude beobachtet, ist das sozusagen Verschmelzung mit Dankbarkeit. Denn ist es nicht wunderbar, ein Geschenk, die Welt sehen zu können, zu fühlen, statt zu denken, was andere sehen?

Dellen wellen

Neulich erklärte mir eine Bekannte ihre „geniale" Art, vor Zeugen zu baden. Sie nannte es Anti-Zellulitis-Strategie: „Ich binde mir ein Tuch um die Hüfte, dann laufe ich beschwingt zum Ufer. Dort werfe ich mit einer grazilen Bewegung das Tuch mit der rechten Hand nach hinten, während ich mit der linken die Haut an den Oberschenkeln hochziehe. Das klappt bei mir mit Daumen und kleinem Finger, Gott sei Dank habe ich als Kind Klavier gespielt und verfüge über die nötige Spannweite. So sieht keiner meine Zellulitis." „Und wie kommst du aus dem Wasser?", fragte ich, während sich mir erschloss, warum Zellulitis so heißt. Es bedeutet „Leben in einer Zelle".

„Ich lasse mich auf dem Bauch bis ans Ufer treiben, stehe dann auf und gehe rückwärts raus, wieder mit meinem Supertrick, und dabei gebe ich mir den Anschein, sehnsüchtige Blicke zum Wasser zu werfen, als würde ich nie genug kriegen, wie eine kleine Wasserratte. Man muss sich die Spontaneität eines Kindes bewahren. Dann binde ich mir das Tuch wieder um."

Ich lasse mich lieber von der Spontaneität meines Hundes anstecken und stürme mit ihm ins Wasser, Delle zu Welle.

Ja, wir Menschen sind Augentiere. Doch wenn wir uns zu oft auf den Sehsinn verlassen, entgeht uns vieles andere, lehrt mich Miss Lomax. Wer kennt ihn nicht, diesen Sinnspruch von Antoine de Saint-Exupéry: „Man sieht nur mit dem Herzen gut. Das Wesentliche ist für die Augen unsichtbar." Ich habe ihn gehört und gelesen. Richtig verstanden habe ich ihn erst mit den Jahren. Und das ist das wunderbare am Älterwerden: Die zunehmende Weitsicht, die Nachsicht im Gepäck hat – mit anderen, aber auch mit uns selbst. Denn: Aus Erfahrung wird man klug, und wir hatten viele Jahre Zeit, Erfahrungen zu sammeln.

Wanderpokal Jugend

Als Menschen verfügen wir mit unserem 180-Grad-Blickwinkel über ein deutlich geringeres peripheres Sehvermögen als Hunde. Sie sind und bleiben die Meister, wenngleich sich das Auge älterer Hunde verändert, was jedoch nichts über ihre Sehkraft aussagt. Auch bei älteren Menschen trübt sich der Blick manchmal, es ist, wie es ist, eingebettet in Tränensäcke und Schlupflider, die ihr gleichaltriges Gegenüber allerdings nicht wahrnimmt, da in der Nähe alles verschwimmt. Was für eine Gnade!

Wenn ich davon ausgehe, dass eingeschränktes Sehen auch Vorteile haben muss, weil es die Natur so eingerichtet hat, kann es wohl kaum die Sauberkeit eines Badezimmers betreffen. Unterstelle ich der Natur, dass sie recht damit hat, den Blick im Alter zu trüben? Nein, zu mildern! Irgendwoher muss die Altersmilde ja kommen. Mehr nach innen schauen, weniger nach außen. Innendrin ist der wahre Reichtum zu finden.

Gerechterweise steht die Jugend nun ganz einfach anderen zu. Wir hatten unsere Chance. Jetzt sind die nach uns dran, die irgendwann dort stehen werden, wo wir jetzt sind. Manchmal stehen wir auch nebeneinander, zum Beispiel um einen Geburtstagstisch. Muttern wird 70 und ist nicht beleidigt, dass auf ihrer Torte nur eine einzige Kerze brennt. „Das Wachs würde sonst ja runtertropfen."

Ihr Enkel sieht das anders. Er ist sieben und ein bisschen beleidigt, weil ihm die Oma versprochen hat, dass er die Kerzen auf dem Kuchen ausblasen darf. Und jetzt ist es nur eine. Er ahnt nicht, dass ihm ein paar Jahrzehnte später jedes ausgeblasene Jahr wehtun wird.

„Vom Standpunkt der Jugend aus gesehen ist das Leben eine unendlich lange Zukunft; vom Standpunkt des

Alters aus einer sehr kurzen Vergangenheit", meinte Rudyard Kipling weise. Der Enkel macht sich keine Gedanken darüber, dass die Oma auch mal sieben war. Er hat anderes zu tun. Er schnappt sich Opas Stock und reitet damit um die Torte.

Irgendwann einmal wird er sich vielleicht an diesen Moment erinnern. Und an den Opa und seine anderen Vorfahren. Sie zu ehren bedeutet, die eigene Herkunft zu respektieren und vielleicht sogar, mit Dankbarkeit auf das zu schauen, was man von den Alten empfangen hat. Man muss es nicht übernehmen. Doch sie haben gegeben, und mit unserem Leben können wir ihren Spuren folgen oder davon abzweigen, doch immer stammen wir von ihnen ab. Und sie wiederum von ihren Ahnen.

Die 4. Weisheit: Galopp, Trab, Schritt

Manche Hundebesitzer glauben, dass in ihrem Hund mehr steckt, als man sieht. Sie wünschen sich, dass in ihm die Seele seines Vorgängers weiterlebt. Oder sogar die eines lieben verstorbenen Menschen.

Wenn man glaubt, dass man wiedergeboren wird oder ins Paradies kommt, könnte man seine irdische Existenz relativ gelassen betrachten. Sollte es nicht optimal laufen, wetzt man diese Scharte bei der nächsten Reinkarnation aus, und im Paradies spielt das sicher keine Rolle. Den Vorstandsvorsitzenden fragt auch niemand nach seiner Abiturnote. Wenn man allerdings davon ausgeht, dass dieses Leben die einzige Chance ist, dass es nur dieses eine Leben gibt, dann muss dieses eine Leben ausgequetscht werden bis zum letzten Tropfen. So schnell wie möglich so viel wie möglich rausholen. Mitnehmen, was geht. Abenteuer, Anerkennung, Besitz, Erfolg, Feiern, Geld, Jugend, Luxus, Prestige – was man eben für wichtig hält. Und in den letzten Jahrzehnten ist der Schein immer wichtiger geworden. Es kostet viel Zeit, sein Leben in den sozialen Medien so zu designen, dass andere einen beneiden. Das Darstellen wird höher bewertet als Dasein. Da ist Miss Lomax ganz anderer Meinung!

Genau genommen ist sie von Anbeginn an Privateuse gewesen. So was gibt es für Zweibeiner ja fast nicht mehr. Sollte man sich vormals in der Freizeit von der Arbeit erholen, fängt bei vielen der Stress dann erst richtig an.

Was da in ein Wochenende gepackt wird, klingt beinahe wie Raserei.

Der Wunsch, nichts zu verpassen, birgt die Gefahr, sich selbst zu verpassen.

Wir Älteren sind in einer Welt ohne Freizeitstress groß geworden. Darin haben wir uns Fähigkeiten erworben, die sich so manche Digital Natives wünschen. Vor allem aber durften wir in einer Zeit aufwachsen, in der man fest daran glaubte, dass es morgen ein Stück besser sein würde als heute. Tag für Tag. Das ist ein Proviant, der für viele Jahre und Jahrzehnte hält. Den möchte ich mir ins Gedächtnis rufen, anstatt immer mehr Proviant anzusammeln, den ich nicht werde verzehren können, denn Paradies bedeutet: mit Vollpension.

Die Freizeit-Erlebnis-all-inclusive-Gier baden zunehmend auch Hunde aus – mitgehangen, mitgefangen. Denn sie werden überallhin mitgeschleppt.

Aber was ist eigentlich so schlimm daran, zu Hause zu sein und zu bleiben? Ich mache es mir gerne gemütlich auf dem Sofa, im Bett, auf dem weißen Lammfell, von dem hin und wieder eine Wolke Weisheit zu mir herüberwedelt.

Kreislauf

Wenn wir auf die Welt kommen, haben Menschen wie Hunde ein sehr hohes Schlaf- und Ruhebedürfnis. Allmählich werden wir aktiver, erobern die Welt, beschleunigen. Im Lauf unseres Lebens verlangsamen wir wieder, bis wir ganz am Ende dort landen, wo wir begonnen haben. Der Kreis schließt sich.

Wenn ich mein Tempo niemals drossle, werde ich den Kreis nicht vollenden können, denn das Einfädeln ist tricky. Und so mancher schießt über das Ziel hinaus. Dabei könnte gerade Richtung Alter ein besonders schönes Wegstück vor einem liegen, das ich dann aber niemals zu Gesicht bekomme, und irgendwann haut es mich aus der Kurve.

Überholen bringt auch nichts, denn jedes Teilstück hat sein Tempo. Manchmal stehen Schilder am Straßenrand: Vorsicht, Cholesterinschlag! Achtung, erhöhter Blutdruck! Vorsicht, freilaufende Bandscheiben auf der Fahrbahn!

Meistens stehen aber keine da, wir sind ja mündige Bürgerinnen und Bürger, und selbst wenn sie dort stünden, könnten wir sie nicht lesen. Erstens wegen Altersweitsichtigkeit und zweitens wegen erhöhter Geschwindigkeit. Die Altersweitsichtigkeit lässt uns auf ein Ziel starren, das wir erreichen wollen. Dabei übersehen wir die, die uns nah sind. Das könnte einem Hund nicht passieren. Der läuft mal schnell, mal langsam, verweilt immer wieder und betrachtet, was der Weg bietet. Versenkt den Kopf in einem Grasbüschel, schnuppert. Schnauft tief durch. Macht sich vielleicht so seine Hundegedanken über die aufgenommenen Informationen. Zieht seine Schlüsse. Läuft weiter oder noch einmal zurück: kurze Kontrolle. Tatsächlich! Und weiter. Dann hebt er den Kopf und steht lauschend wie eine Statue, bis er auch diese Information zugeordnet hat. Erkunden, Erspüren, Aufnehmen bedeutet Lebensqualität für den Hund.

Wenn ich mir vornehme, morgens rasch die Hundestrecke entlangzujoggen, um schnell zurück, also bei meinem Kaffee zu sein, um dann schnell am Schreibtisch zu sitzen, damit ich bis elf schon was weggeschafft habe, weil ja dann ... Dann bin ich überhaupt nicht draußen gewesen, sondern habe das nur in meinem Kopf getan, und das wäre mir ein bisschen zu wenig, wenngleich das Reich der Fantasie mein Lieblingsrevier ist.

Mit den Jahren verlassen wir unser Hamsterrad. Und siehe da: Die Käfigtür ist offen!

Ich lasse mich gerne von meinem Hund bremsen. Sehr oft passe ich mich seinem Tempo an, denn wenn er Zeitung liest, geschieht das langsam. Vielleicht ist Miss Lomax Legasthenikerin. Oder besonders gründlich. In ihrem Verweilen entdecke ich vieles, das ich im schnellen Gehen oder gar Laufen niemals gesehen hätte. Manchmal beantworten sich so auch meine Fragen. „Soll ich Doris anrufen, obwohl sie mich neulich wirklich ziemlich abgefertigt hat?" Die Sonnenblumen nicken im lauen Lüftchen. Mir fallen schöne Erlebnisse mit Doris ein. Und zu Miss Lomax ist sie auch immer sehr nett. Ich werde sie später anrufen.

Soll ich aus dem nächsten Kapitel in meinem Buch nicht besser zwei machen, weil es zwei unterschiedliche Themen behandelt? Ich sehe einen Baum, aus dessen Stamm zwei starke Ableger hervorwachsen. Da weiß ich, dass es bei einem Kapitel bleiben soll. Ich habe gar nicht konkret an dieses kleine Problem gedacht, doch die Antworten fliegen mir zu, wenn ich offen dafür bin. Vielleicht ist es bei Miss Lomax ähnlich. Bewusst wird alles bunter, breiter, intensiver. Und nun habe ich endlich Zeit dafür. Weil ich älter bin und meine Hundehütte schon eingerichtet ist. Die Vorfreude auf den Kaffee vergesse ich, ich gebe mich der Daseinsfreude hin. Miss Lomax vergisst ihre auf den Napf nicht. Auf dem Heimweg hat sie Stalldrang und beschleunigt. Wieder passe ich mich an und bin ganz bei ihr. Weil ich bei ihr bin, bin ich wirklich draußen in dieser herzöffnenden Natur, die auch bei Regen ihre Reize hat. Und wenn ich dann den ersten Schluck Kaffee trinke, habe ich eine Menge erlebt, anstatt nur ein Häkchen auf meine To-do-Liste gesetzt.

Manche Häkchen auf unseren To-do-Listen sind in Wirklichkeit Tomahawks! Und das ist ein Grund zum Jaulen!

Himbeergeist

In meinem Garten wachsen Himbeeren. Sie waren schon immer da und kommen jedes Jahr wieder, netterweise sogar zweimal. Manchmal sind es so viele, dass es fast in Stress ausarten könnte, sie zu ernten. „Noch schnell ein paar Himbeeren holen“, sage ich. Und weil das so lang dauert, telefoniere ich oft dabei. Toll, wie effizient ich bin! Miss Lomax hilft mit. Einige der Himbeeren an den unteren Zweigen darf sie ernten, um die oberen kümmere ich mich.

Ich hatte den Kopfhörer fürs Telefon schon in der Hand, da hörte ich einen Vogel singen. Er sang mich direkt an: „Bist du dohooof! Ziwittziwitt. Typisch Ungefiederte! Ziwittziwitt. Verstöpselt sich die Ohren. Ziwittzizizіziwitt. Aber über die Schönheit der Natur schreiben. Zefix.“ Miss Lomax legte den Kopf schräg und schaute in den Apfelbaum.

Auf einmal fiel mir meine Oma ein: „Brocken“ nannte sie die Beerenernte. Schlagartig ging eine Himbeerwelt auf in meinem Garten. Es duftete rosarot und jede Frucht sah anders aus! An manchen ringelten sich kleine weiße Maden. „Ob die Würmer wohl glauben, dass so eine Himbeere die ganze Welt ist?“, überlegte ich und wie das Leben so wäre als Himbeermade. Bestimmt gelangt so manche in die Marmelade. Im Apfelbaum raschelte es, ein Vogel flog auf. „Danke Ziwittzefix!“, rief ich ihm nach und winkte. Ein paar Himbeeren fielen zu Boden, die von einer verräterisch rosa gepunkteten Hundezunge eilig weggeputzt wurden. Ich steckte mir auch ein paar in den Mund. Was für ein herrlicher Sommertag! Was für ein Glück, mit Garten zu wohnen und natürlich und immer wieder: mit Hund. Ich, die Ungefiederte, war blind gewesen. Nie wieder würde ich telefonierend ernten wie am Fließband!

„Aber manchmal ging es auch nicht anders“, rechtfertige ich mich vor mir selbst. „Ja, das kann schon sein“, sagt mein neues Ich. „Aber jetzt ist es anders. Und es darf auch anders sein, weil Erntezeit ist.“ Der Hund muss nicht mehr folgen wie gedrillt und ich auch nicht mehr. Wir könnten rennen, wenn wir wollten. Aber wir wollen nicht mehr ständig. Und das dürfen wir. Ich bin ein fleißiges Bienchen und habe weit über 100 Bücher geschrieben, mit viel Herzblut. Die Muse hat mich oft geküsst. Aber ich habe auch viel Sitzfleisch gebraucht. Was auf der Strecke geblieben ist, das ist Muße.

Muss oder Muße?

Zwei Fragen für mehr Lebensqualität:

- Ist das etwas, das ich unbedingt tun muss?
- Ist das etwas, das ich unbedingt tun möchte?

Zweimal Nein? Dann weg damit!

Die Muße, die brauche ich jetzt, weil ich ganz viele schöne Augenblicke mit Miss Lomax erleben will. Das geht nicht hektisch zwischen Tür und Angel. Dazu möchte ich mich ihr zuwenden. Absichtslos. Einfach mit ihr zusammen sein wie jetzt beim Beerenbrocken. Hin und wieder ein Himbeerblick aus braunen Augen. Wir beeilen uns nicht. Wir lassen uns Zeit, weil wir Zeit haben, weil wir sie uns gönnen. Und in diesem Zeitraum verbinden sich unsere Herzen.

Dieses neue Tempo – nicht müssen, sondern mit Muße – schmälert meine Selbstwirksamkeit, meinen Selbstwert nicht, im Gegenteil. Ich änderte lediglich die Definition. So wie man das zum Beispiel bei Grenzwerten ständig macht. Irgendetwas ist ab einem bestimmten Wert giftig. Dann gibt es zu viel davon in der Luft oder im Wasser und keiner weiß, wie man das ändern könnte. Also verschiebt man einfach den Grenzwert nach oben. Das ist mir schon öfter aufgefallen.

Es sollte aber auch im Blick auf das Gute, nicht nur auf das Giftige funktionieren. Warum also nicht auch meine Grenzsteine verschieben, manche meiner Vorstellungen neu definieren? Bob Dylan meinte einmal sinngemäß, dass man einen Menschen dann als erfolgreich bezeichnen könne, wenn er zwischen Aufstehen und Schlafengehen das tue, was ihm gefällt. Diese Art von Erfolg gefällt mir in meiner jetzigen Lebensphase besser, als ihn an geschriebenen Büchern pro Jahr zu bemessen oder an meinem Kontostand. Oder an meinem Lebenstempo!

Auf der Flucht?

Mit Luna bin ich oft gejoggt. Habe ich es gern getan? Das kam auf das Wetter an, aber danach hatte ich immer ein gutes Gewissen. Jetzt jogge ich nur noch selten, und das ist, vermute ich, sehr in Miss Lomax' Sinn. Denn joggend gebe ich ihr kaum Gelegenheit, einer für sie äußerst wichtigen Tätigkeit nachzugehen: Zeitunglesen, wie beschrieben. Dafür habe ich vollstes Verständnis, ich lese ja auch gern. Und wie wäre das, wenn ich immer nur die Überschrift eines Kapitels oder gerade mal ein paar Buchstaben verschlingen könnte und dann schon weiter müsste, weil ich sonst den Anschluss an meine Familie verlieren würde. Gemein wäre das.

Ich gehe zunehmend gern langsam, weil ich dabei so viel entdecke. Ich habe auch festgestellt, dass ich langsam gehend besser denken kann. Wenn ich renne, denke ich Blödsinn. Gute Ideen kommen mir beim Flanieren, und Miss Lomax vertieft sich in ihre Lektüre und pausiert nach Belieben. Schließlich sind wir nicht auf der Flucht ... Und wovor sollten wir denn eigentlich fliehen? Vor dem Älterwerden? Vor uns selbst? Da bleibe ich doch lieber stehen. Wie hohes Tempo verträgt der Mensch? Im 19. Jahrhundert wurden bereits 30 Stundenkilometer als gefährlich eingestuft. Ungefähr so schnell fuhren die Eisenbahnen seinerzeit und versetzten die Reisenden in einen Geschwindigkeitstaumel. Kritiker warnten, der menschliche Körper sei dafür nicht geschaffen. Heute wissen wir, dass man aus dem All fallen und dabei unversehrt die Schallmauer durchbrechen kann. Es gibt nicht nur Temposünder, sondern auch Temposüchtige.

Dabei fanden wir Langsamkeit alle mal toll. Nämlich damals, als wir Kinder waren und der Aufforderung unserer Eltern zur Eile mit Langsamkeit trotzten. Wir zelebrierten sie geradezu. Und ist sie nicht auch eine Pforte zur Spiritualität?

Älterwerdend können wir es uns leisten, langsamer zu werden. Es gibt keine Eltern, die uns zur Eile mahnen.

Den Job haben wir meist selbst übernommen. Es ist Zeit, ihn zu kündigen!

In der Ruhe liegt die Kraft

Werden Sie hellhörig: Wie oft gehen Sie sich selbst auf den Leim, indem Sie das Tempo erhöhen, ganz ohne Not? Sie holen noch schnell das Salz, kopieren noch schnell etwas, gehen noch geschwind die Hände waschen, rufen noch kurz irgendwo an. Wann immer Sie Wörter wie „schnell", „kurz", „geschwind", „eben mal" und so weiter aussprechen, tun Sie einmal das Gegenteil, um ein Gefühl dafür zu bekommen, wie Sie selbst unnötig Druck aufbauen. Und wenn Sie es merken, bevor Sie es aussprechen, sagen Sie stattdessen ein anderes Wort. „Langsam" oder „mit Muße" oder „allmählich". Oder Sie kraulen den Hund.

Ich glaube, dass die vorherrschende allgemeine Schnelligkeit uns Menschen nicht guttut. Aber sie hat alle Bereiche des Lebens geflutet, deshalb kostet es Mut, zu verlangsamen. Ich muss es mir tatsächlich explizit erlauben: Du darfst langsam gehen, essen, Himbeeren brocken, du darfst genießen! Und wenn ich daran zweifle, erkläre ich mir, dass ich mehrere Jahrzehnte meines Lebens gerast bin, häufig auf der Überholspur. Und dass ich mir mein heutiges Schlendern verdient habe. Wenn das noch immer nicht reicht, halte ich mir ein paar abschreckende Beispiele vor mein inneres Auge, von Leuten, die, obwohl älter als ich, rasen, als wäre der Leibhaftige hinter ihnen her. Will ich das? Nein danke. Willst du das, Miss Lomax? Sie versteht die Frage gar nicht. Hunde spüren, wann es Zeit ist, schnell beziehungsweise langsam zu laufen. Alles zu seiner Zeit.

Neulich habe ich eine Filmsequenz auf meinem Computer gefunden, die aus der Zeit stammt, als Miss Lomax ein Welpe war. Wie schnell sie sich bewegte, herumsprang, sich drehte! Ich konnte sie kaum im Kamerafokus behalten. Beim Spazierengehen lief sie den Weg damals mehrfach, immer vor und zurück. Und ich selbst war auch noch flotter unterwegs. Wie ich mich einfach so in die Wiese warf und einen Purzelbaum schlug! Und wieder aufstand. Klar kann ich auch heute noch einen Purzelbaum, aber ich glaube, nicht mehr ganz so geschmeidig.

„Aber du kannst ihn noch“, sagte meine beste Freundin. „Noch“, wiederholte ich das Seniorinnenwort. „Ja, und darauf kannst du stolz sein“, meinte sie und wollte wissen: „Warum schaust du so oft zurück, was du früher besser gekonnt hast? Sei doch froh um das, was ist.“ „Das liegt daran, dass ich Schriftstellerin bin“, versuchte ich eine Ehrenrettung. „Meine Zunft lebt von der Vergangenheit. Schreibend erinnern wir uns." „Oder ihr schaut in die Zukunft, also zumindest, wenn es um Science-Fiction geht", meinte sie. „Ja, aber ohne Erinnerung auch keine Zukunft", behielt ich das letzte Wort, nein, das vorletzte, denn Miss Lomax mischte sich ein, indem sie sich auf dem Teppich zwischen uns auf den Rücken warf und genüsslich wälzte. In ihrem Tempo.

Sie käme nicht auf die Idee, sich ständig zu beweisen, dass sie noch fit ist und ein Tempo halten kann. Und, bitte schön, wem sollte sie das beweisen? Sie spürt, was sie braucht, und tut es. Ich spüre, was ich glaube, was andere wollen, und tue es?

Leben mit süßem Senf

Jeder Motor hat eine individuelle Leistungskurve mit einem optimalen Drehmoment und einer Höchstleistung. Gefährlich für die Haltbarkeit des Motors sind dauerhafte hohe Drehzahlen, besonders im roten Bereich. Wann er in diesem Bereich läuft, kann man auf dem Drehzahlmesser ablesen, der sich im Armaturenbrett findet. Im eigenen Leben merkt man es oft zu spät, wenn man in diesem „roten Bereich" läuft. Immer geradeaus fahren, rasen, das Ziel im Blick. Noch mehr Gas. Schnell mal anhalten. Was besorgen. Weiter. Schneller. Anhalten. Was erledigen. Weiter. Drück auf die Tube! Rechts und links Häuser, Menschen, Bäume, alles verwischte Gebilde. Und dann – Frechheit! – schaltet die Ampel auf Rot. Fußgängerampel. Muss diese Olle ausgerechnet jetzt über die Straße gehen! Den ganzen Verkehr aufhalten. Kann die nicht warten? Wo ich es doch so eilig habe. Ist eine so lange Rotphase normal? Die reinste Schikane! Bin ich normal?

Unseren Autos verlangen wir weniger ab als uns selbst. Das Steuergerät in einem Motor unterbindet nämlich jede weitere Beschleunigung, sobald die Drehzahl erreicht ist, die gerade noch möglich ist, ohne dem Motor zu schaden. Und wie ist das bei mir selbst? Wer kümmert sich um meine Drehzahl und passt auf, dass ich mir keinen „Kolbenfresser“ fahre? Wie wäre es mit: ich selbst. Wäre das vernünftig und reif? Ständig so viel zu erledigen, bis man selbst erledigt ist?

Wie oft habe ich den Spruch schon gelesen: Der Weg ist das Ziel. Ich weiß doch, dass lediglich am Ziel anzukommen verschenkte Lebenszeit ist, zumal mein Ziel ab der Lebensmitte ja ziemlich klar ist. Will ich denn so schnell ans Ende kommen? Apropos – wann springt die Ampel endlich auf Grün? Leute, ich hab's eilig!

Da vorne steht einer an der Ecke und beißt in eine Semmel. Steht einfach da und kaut. Hat der nichts Besseres zu tun? Steht am helllichten Tag in der Gegend rum und isst. Was wohl auf der Semmel drauf ist? Leberkäs? Habe ich schon lange nicht mehr gegessen. Bestimmt zwei Jahre. Am liebsten mit süßem Senf. Viel süßem Senf. Der Mann da sieht so aus, als würde er die Semmel genießen. Als hätte er alle Zeit der Welt für diese Semmel. Leberkäse ist total ungesund. Eigentlich sollte man überhaupt kein Fleisch essen. Wobei Leberkäse wahrscheinlich gar kein Fleisch ist. Ja, hup du nur du hinter mir, ich fahre schon los!

Ich biege um eine Ecke und sehe die Metzgerei. Ich nehme den Fuß vom Gas und wie durch ein Wunder öffnet sich vor mir eine Parklücke. Ich denke nicht. Ich gehe einfach in die Metzgerei und sage: „Eine Leberkässemmel, bitte.“ Und füge hinzu: „Mit viel süßem Senf“, und das sage ich mit mp: Sempf.

Als ich die Metzgerei verlasse, beginnt es zu regnen. Mit der Semmel in der Hand setze ich mich ins Auto. Ich esse selten im Auto, mag keine Krümel auf dem Sitz. Von hinten fixiert mich der Hund, der jetzt natürlich aufgewacht ist. Rote Ampeln kennt er, grüne auch und hin und wieder flucht Frauchen, obwohl sie das nicht will. Alles bekannt. Aber eine Leberkässemmel am helllichten Tag im Auto? Das ist total verboten. Das ist neu. Was ist da los? „Magst mal beißen?", frage ich.

Geschockt gibt Miss Lomax keinen Ton von sich. Ich beiße ein Stück Leberkäs ab, lecke den süßen Sempf ab und reiche das Stück nach hinten. In trauter Eintracht schmatzen wir. Ich schaue ein bisschen aus dem Fenster, beobachte Regentropfen auf ihren schlingernden Pfaden die Frontscheibe entlang. Betätige den Scheibenwischer. Er quietscht nicht mehr wie gestern noch, er singt, und die Leberkässemmel schmeckt süß und weich und sehr, sehr ungesund.

„Magst noch a Stückl?", frage ich Miss Lomax überflüssigerweise. Ich teile und kaue und grinse dabei. Das kneift in den Backen. Ich könnte laut lachen, aber ich weiß, dass ich danach wahrscheinlich jaulen würde. Weil es doch so einfach ist und ich es schon wieder vergessen habe. Ich fühle mich ein bisschen wie eine Diebin, als hätte ich was gestohlen. Aber ich kann mir selbst ja wohl kein Tempo stehlen? Ich will, dass diese Zeiten der Beschleunigung jetzt vorbei sind.

Ich will nicht mehr Zeit stehlen, sondern Zeit haben. Am Ende ist es ganz einfach: Ich bin meine Zeit.

Als ich fertig gegessen habe, öffne ich ein Fenster, strecke meine Hände durch den Spalt und lasse sie sauber regnen. Dann fahre ich weiter. Miss Lomax schnüffelt noch lange nach Leberkäsmolekülen. Die stets pünktliche, die ich bin, kommt neun Minuten zu spät zu ihrem Meeting, das erfolgreich mit einem neuen Buchvertrag endet. Auf der Heimfahrt entdeckte ich im Rückspiegel einen Sempfrest zwischen meinen Zähnen. Den haben die anderen beim Meeting bestimmt auch gesehen. Oder Miss Lomax hat sie abgelenkt mit ihren Leberkäsefürzen. Ich schäme mich nur kurz – was soll's? Ich bin zu spät gekommen und war nicht makellos und trotzdem oder vielleicht gerade deswegen lief alles bestens.

„Wie war dein Tag?“, fragt mein Mann am Abend. „Wunderbar“, sage ich, während eine Leberkässemmel durch das Zimmer schwebt, sich träge dreht und mir – das würde ich beschwören! – zuzwinkert, ehe sie in einem Schlupfloch in der Luft verschwindet. Dieses Schlupfloch in der Luft würde ich am liebsten ausdehnen. Es soll sich inflationär vermehren und ich bin bereit, nachzuhelfen, indem ich ein paar Löcher in die Luft starre. Denn dort und genau dort spielt das intensive Leben. Es ist der pure Luxus – da sein und schauen. Ohne schlechtes Gewissen. Da muss man schon ein paar Jährchen auf dem Buckel haben, erleuchtet oder ... Hund sein.

Die 5. Weisheit: Je größer das Revier, desto anstrengender

Ohne den Hund hätte ich mich in dem Haus in Italien nicht so wohlgefühlt. Es liegt zwar friedlich inmitten eines Olivenhains, doch am Wochenende wurde morgens scharf geschossen. Einheimische in Militärkluft jagten Vögel. „Fasane“, sagte mein Mann, was es nicht besser machte.

Miss Lomax bellte ein paarmal, und die Jäger zogen sich zurück. Vermutlich hatten sie getestet, ob das Ferienhaus zurzeit bewohnt war. Das Grundstück war riesig, und Miss Lomax hatte sehr viel zu tun. Zu Hause ist ihr Revier überschaubar: ein Haus, ein Garten, basta. Jetzt gab es den Olivenhain und außen herum die Wiesen und am Ende den See. Zu Fuß dauerte eine Durchquerung des Grundstücks 20 Minuten. Einen Zaun gab es nur an der Straße. Vom See her war der Zutritt frei, und manche Spaziergänger, die versuchten, den See zu umrunden, landeten bei uns. Nein, nur in der Nähe des Hauses, denn Miss Lomax hielt Wache. So kannte ich sie gar nicht, und ich war ihr sehr dankbar, dass sie diesen Job übernahm. Abends, wenn wir die Türen des Hauses schlossen, rollte sie sich auf ihrer Decke ein und fiel in einen ohnmachtsähnlichen Schlaf. Urlaub hatte sie sich vermutlich anders vorgestellt.

Für uns Zweibeiner war es herrlich auf diesem ruhigen Anwesen, ganz allein in der Nachsaison. Ach, wenn einem so was gehörte! „Stell dir vor, wir hätten ein Haus im Süden." Nachtgespräche unter einem funkelnden Sternenhimmel, wie sie auf der ganzen Welt von Paaren im Urlaub geführt werden.

Gut, dass Miss Lomax das nicht hörte in ihrem Tiefschlaf. Es wäre vermutlich ein Grund zum Jaulen für sie gewesen. Was für ein Stress, die Zweibeiner in so einem großen Revier abzusichern! Mir wurde bewusst, dass ich sie lange nicht mehr als so kompetent, so stark betrachtet hatte. Durch ihre körperliche Einschränkung wegen der Arthrose hatte ich ihr allgemein weniger zugetraut. So wie man älteren Leuten oft weniger zutraut. Oder schwangere Frauen im Job ausgrenzt, weil sie angeblich von Hormonen gesteuert sind. Ach, diese Vorurteile! Leider lässt man sich nur ungern eines Besseren belehren, wenn man ihnen einmal aufsitzt.

Je größer das Revier, desto weniger Zeit.

In Thailand sah ich einen dreibeinigen Rudelchef, dem acht unterwürfige Vierbeiner respektvoll folgten, und wehe, einer wagte es, aus der Reihe zu tanzen! So schnell konnte ich gar nicht schauen, wie der Dreibeinige ihn an die Regeln des Rudels erinnerte. Ich rief mir in Erinnerung, wie Miss Lomax auf andere Hunde wirkt. Die meisten machen einen Bogen um sie. Was nicht nötig wäre, da sie sich nicht für Artgenossen interessiert. Doch es zeigt, dass ihre Ausstrahlung beziehungsweise ihre Ausdünstung noch immer Stärke signalisiert. Sie ist ein selbstbewusster Hund, unter dessen Schutz ich mich in diesem Riesenrevier begab, was sie noch stärker werden ließ. Man wächst mit seinen Aufgaben, und wenn man sie verkleinert, schrumpft man. Ach, warum ist es nur so schwierig, das richtige Maß zu finden! Die goldene Mitte! Vermutlich ist das eine Lebensaufgabe. Gemeinerweise setzt sich die goldene Mitte nie auf einen Platz. Sie pendelt wie die Rute des Hundes. Was mit 20 zu wenig ist, ist mit 50 zu viel und mit 80 unmöglich. Unterforderung macht alt. Überforderung genauso. Beides hängt nicht nur von unserem Wollen ab, sondern auch von unserem Können.

Auf den Hund gekommen

Meine Freundin Tina hat nicht nur ein Häuschen geerbt, sondern ein ziemlich großes Haus in Bestlage. Und auch noch ein paar Wohnungen in verschiedenen deutschen Städten. Zuerst habe ich sie ein bisschen beneidet. Finanzielle Sorgen ade. Tina hat sozusagen ausgesorgt.

Von wegen! Mit der Zeit stellte sich heraus, dass sie „eingesorgt" hatte. Ein kleiner Vokaltausch und die Erbschaft wird zum letzten Sargnagel. Denn mit all dem Besitz veränderte sich ihr Leben zum Nachteil. Tina ist fast zehn Jahre älter als ich und hatte Pläne für den Rest ihres Lebens, der statistisch betrachtet kleiner ist als meiner. Genau genommen hat sie rechnerisch noch ein Hundeleben mittlerer Größe vor sich. Je größer der Hund, desto kürzer die Lebensspanne. Dackel werden mutmaßlich älter als Doggen, aber bei anderen Tieren ist es anders. Da stirbt die Maus mutmaßlich vor dem Elefanten.

Tina musste sich um ihr Erbe kümmern. Und weil sie ein gewissenhafter Mensch ist, wollte sie alles im Sinne ihrer verstorbenen Mutter regeln. Sie beauftragte keine Firma, das Haus zu räumen, sondern plante, die Möbel, das Geschirr, die Teppiche und Bücher und allen Krimskrams, mit dem das Haus vollgestopft war, Stück für Stück zu verkaufen. Notfalls auch zu verschenken. Es wäre doch wundervoll, anderen eine Freude zu machen! Leider wollte diese Freude niemand haben. Nicht mal vorbeigebracht geschenkt.

Einige Male half ich Tina beim Räumen und Sortieren. Miss Lomax lief schwanzwedelnd durch diese Luxushundehütte und war sichtlich begeistert von den vielen Gerüchen, besonders im Keller, wo Katzenfutter von vor zehn Jahren lagerte. Damals war nämlich die letzte Katze der Familie gestorben. So ein Hund, dachte ich mir, dem gehört nur, was er mit sich herumtragen kann. Der hat keinen Besitz. Auch wenn ich Miss Lomax' Schaffell, ihre Decke, ihr Hundebett und die drei Stofftiere, für die sie sich nicht interessiert, als ihren Besitz ansehe. Der Hund lebt besitzlos. Und wir Menschen eigentlich auch, was jedoch erst am Ende zutage tritt. Wie heißt es so treffend: Das letzte Hemd hat keine Taschen.

Nach einem Jahr war Tina auf den Hund gekommen und bestellte Container, in denen auch mit großem Herzweh ein Flügel landete – vom Balkon aus. Das schreckliche Geräusch, wie er in den Container kracht, höre ich heute noch. Ich hatte sogar mit dem Gedanken gespielt, Klavier spielen zu lernen, um ihn zu retten. Doch der Flügel hätte nie in meine Wohnung gepasst. Und eigentlich wollte ich mich verkleinern, altersentsprechend. Viel zu viel Zeug hat sich inzwischen angesammelt. Ich will leichter werden.

Das wollte Tina auch, doch als das Haus leergeräumt war, fing der Stress erst an. Sie beriet sich mit Steuerberatern, wie sie bezüglich der Erbschaftssteuer vorgehen sollte. Und mit Immobilienmaklern, ob und wenn ja, wann sie verkaufen sollte. Sie korrespondierte mit dem Nachlassgericht und dem Finanzamt und hatte zusätzlich einige vermietete Wohnungen in Bestlage an der

Backe. In einer funktionierte die Heizung nicht, in einer anderen war, wie sich herausstellte, ein Mietnomade untergekommen und die alte Villa am Starnberger See stand leider unter Denkmalschutz.

Tina war von morgens bis abends mit dem Verwalten ihres Besitzes beschäftigt, und das bereicherte sie kein bisschen, sondern laugte sie aus. Sie las keine Bücher mehr, sondern Gesetzestexte, Präzedenzfälle, Immobilienratgeber, besuchte keine Freunde, sondern Fachleute, ärgerte sich über die Mieter in ihren Wohnungen und wälzte sich nachts schlaflos in Möglichkeiten, wann sie welche Wohnung verkaufen sollte, um Steuern zu sparen. Zum Gassigehen – dabei hatten wir uns kennengelernt – fehlte ihr die Zeit. Auch ihr Hund kam auf den Hund. Anfangs dachte ich, das würde sich wieder geben, doch es gab sich nicht. Tina war zum Kettenhund geworden, an der Leine ihres Besitzes.

Vieles ist einfacher, als du es dir vorstellst!

Beharren kann im Alter gefährlich sein, vielleicht führt es zu Arterienverkalkung, weil nichts mehr im Fluss ist. Wie schrieb Marie von Ebner-Eschenbach so wahr: „Das Alter verklärt oder versteinert." Für einen steten Tropfen, der den Stein höhlen könnte, fehlte Tina die Zeit – wie gesagt: ein Hundeleben mittlerer Größe.

Umgeben von ihren Sachzwängen erinnerte sie mich an den berühmten Elefanten, den man als Baby mit einem Seil festgebunden hatte, was auch genügte, ihn in Gefangenschaft zu halten, als er ausgewachsen war. Eine heftige Bewegung, das Seil wäre gerissen und er wäre frei gewesen. Doch er hatte sich daran gewöhnt, angebunden zu sein.

Im Alter treten oft Charakterzüge hervor, die lange Jahre im Hintergrund standen. Wenn es schwierig wird, scheint es dann keine Verhaltensalternativen zu geben. Da empfiehlt es sich, in sich auf Spurensuche zu gehen, denn festgefahrene Gewohnheiten sind ein Grund zum Jaulen!

Hab Seligkeiten

Wie viel Zeit bleibt noch? Das weiß man nie. Aber man kann sich vornehmen, diese Zeit nicht mit Sorgen zu verbringen, zu denen paradoxerweise auch Besitz zählen kann. Und unsere Hunde und überhaupt Haustiere und andere Tiere sind großartige Sorgenvertreiber! Die Fellnasen wedeln sie weg, Singvögel zwitschern sie fort und Katzen ... wer kann beim Schnurren einer Katze Sorge wälzen!

Wie groß der Berg ist, auf dem man sitzt, sagt nichts über die Lebenszufriedenheit aus, das haben Studien in aller Welt gezeigt. Wer nie genug kriegen kann, wird auch nicht glücklich werden. Und wer zu viel hat, muss dieses Zuviel verwalten. Eigentum frisst Zeit. Besitz fordert Aufmerksamkeit. Ja, es macht Freude, sich etwas leisten zu können – vor allem in der Aufbauphase des Lebens. Doch wenn man den Zenit überschritten hat, reist es sich angenehmer mit leichtem Gepäck. Beim letzten Check-in nehmen sie einem sogar das Bordgepäck ab. Nackt kommst du, nackt gehst du.

Ein Revier, um das man sich kümmert, muss nichts zum Anfassen sein. Ein Revier kann auch das Internet sein, eine der stressigsten Gegenden überhaupt. Denn wie will man diese jemals unter Kontrolle bringen? Kaum geht man einmal zur Toilette, haben schon drei Leute an der Tür geklingelt, andere haben über einen gesprochen, Nachrichten von gestern sind vergessen, es haben sich Milliarden von Änderungen ergeben. Und das alles während einmal Pipimachen! Da verzweifelt auch der wachsamste Zweibeiner. Nun kann er zwar versuchen, doch noch irgendwie durchzublicken und wenigstens in einem sehr kleinen Kreis, genannt Blase, den Durchblick zu behalten. Doch Blasen platzen. Und möchten Sie in einer Blase leben? Ich meine, da ist die Sicht schon ziemlich getrübt. Man kann bis zur Daumenarthrose scrollen und kommt doch nie an, denn kaum ist man unten, fängt oben schon etwas Neues an. Hin und wieder sollte man selbst ja auch mal markieren. Andere, die neben einem hecheln, zeigen, dass es sich lohnt, mit im Rennen zu sein. Dafür braucht man etwas, das man posten könnte. Immerhin tut die Jagd nach Posts keinem weh wie die auf Fasane. Nur einem selbst.

Auf der Jagd

Angenommen, jemand möchte sich eine Pfeffermühle anschaffen. Da geht man nicht einfach in einen Haushaltswarenladen und holt sich so ein Ding, nein! Man googelt im Internet nach einer Mühle mit Ambiente, möglichst stilvoll und avantgardistisch und das Mahlwerk sollte auf dem Mond getestet worden sein. Eine Pfeffermühle, für die man ausgewählte Gäste einladen wird, denen man sie dann, mit einer beiläufigen Handdrehung zelebriert, präsentieren wird. Und beneidet wird. Um dieses perfekte Unikat zu finden, muss man natürlich viel Zeit investieren. Da hängt einem schon mal die Zunge raus, und viele bleiben auf der Strecke. Gerade Hunde, die viel lieber mit Herrchen oder Frauchen über den Mühlbach springen würden, als hinter ihnen herzutrotten, weil Herrchen oder Frauchen lieber auf ihr Handy als ihr Hundi schaut.

„Danke, dass ich älter bin", murmle ich gelegentlich.

Ich finde den Weg auch ohne Navi. Ich kann sogar Landkarten lesen, falls sich irgendwo noch eine auftreiben lässt. Ich komme aus der Wildnis. Bin als Kind ohne Helm Fahrrad gefahren und habe die Straße ohne Warnweste überquert. Die Möbel in meinem Kinderzimmer dünsteten Giftstoffe aus. Im Auto meiner Eltern saß ich sicherheitsgurtlos. Einen Airbag hätte ich in „Raumschiff Enterprise" verortet. Auf eigenen Beinen habe ich täglich meine Schule erreicht. Dort haben wir uns manchmal gestritten, bis die Fetzen flogen – und manches Haarbüschel. Kein Großer hat uns getrennt. Wir wussten, dass wir das unter uns ausmachen müssen. Nach der Schule wurde der Ranzen in die Ecke gepfeffert und es ging raus in die Schule des Lebens, die wir überlebt haben, obwohl wir mit allen aus einer Flasche getrunken und von einem Brot abgebissen haben. Und deshalb kann ich das Haus ohne Handy verlassen, ohne mich dabei unvollständig oder nackt zu fühlen.

Wenn ich zurückkomme, habe ich überhaupt nichts versäumt, sondern sehr viel hinzugewonnen, anstatt an meiner Daumenarthrose zu arbeiten. Und der Hund auch, der trotzdem ständig die Umgebung scrollt. Eine Daumenkralle hat er nämlich auch, allerdings nicht zum Surfen, sondern zum Schmatzen. Denn mit diesem integrierten Besteck kann er einen Knochen oder eine Knabberstange zwischen den Vorderpfoten fixieren. Ein Handy würde nicht hineinpassen. Hund sei Dank!

Wenn ich mit dem Hund draußen bin, bleibt das Handy zu Hause und hält dort Wache.

Von Bleiben war nie die Rede

Am letzten Abend unseres Urlaubs saßen wir lange draußen, lau war die Nacht. An den Sternenhimmel hatten wir uns schon gewöhnt. Aber weil es die letzte Nacht war, schauten wir ihn besonders intensiv an. Zu Hause wäre es jetzt zu kalt, um nachts draußen zu sitzen. In Gedanken waren wir aber schon ein bisschen zu Hause. Und beim morgigen Einpacken, bei der langen Fahrt.

„Weißt du was?“, sagte ich zu meinem Mann. „Mieten ist viel besser als besitzen. Wir legen morgen den Schlüssel auf den Tisch und fahren weg.“ Er nickte nachdenklich „Ja, vielleicht ist das der Lauf des Lebens.“ „Erst besitzen, dann beweglich werden“, sagte ich. „Wenn uns das hier gehören würde, hätten wir ziemlich viel Arbeit. Wir müssten alles gründlich putzen, wetterfest machen ...“ „Und zu Hause wären wir immer mit den Gedanken hier, ob auch alles gut versorgt ist oder ganz bleibt, wenn zum Beispiel ein starkes Gewitter durchgezogen ist.“ „So sind wir völlig frei. Und wir können ja wiederkommen.“ „Ja“, sagte ich und dachte: Hoffentlich.

Die 6. Weisheit: Schwerhörig macht das Leben leichter

Neulich hatte ich mal wieder einen Flyer eines Akustikers im Briefkasten. Sie vermehren sich wie Echos, ebenso wie Apotheken und Optiker – kein Wunder, betrachtet man die Alterspyramide unserer Gesellschaft, die ziemlich aus der Form gegangen ist. Berufe mit Zukunftsperspektive versprechen älteren Menschen eine solche. „Wie bitte?" „Wir Älteren sind die Mehrheit und wir haben Bedarf!" „Aber das war doch schon immer so!"

Das mag sein, aber man hatte keinen Handlungsspielraum. Es war normal, mit älteren Menschen laut bis sehr laut zu sprechen. Meine Oma habe ich zum Schluss angeschrien. Ich war jung und fand das lustig. Manchmal sagte sie: „Schrei doch nicht so!", doch das war ein Scherz. Eine Weile versuchten wir es mit Lippenlesen. Doch ich musste zu viel lachen dabei, und da sie keine Zähne im Mund hatte, verwechselte ich die Buchstaben. Letztlich verstanden wir uns auch ohne Worte. Liebe baut eine Brücke zur Telepathie.

So ähnlich ist es bei mir und dem Hund auch. Allerdings könnte ich auf eine Zeichensprache zurückgreifen, die der Welpe von Anfang an gelernt hat. Viele Wörter habe ich nämlich mit einer Geste verbunden. „Sitz" zum Beispiel mit einem hochgestreckten Zeigefinger, „Platz" mit der flachen Hand, die zum Boden weist, „Herkommen“ mit Winken. Eine Reihe von Hundegesten sind fast amtlich und werden von vielen Menschen benutzt, aber man bekommt keinen Strafzettel, wenn man sich selbst etwas einfallen lässt. Dazu neigen, habe ich festgestellt, vor allem Herrchen und Frauchen, die ihren Vierbeinern lustige Namen verpassen. Meister Propper oder Pantoffel, Porsche oder Pinguin. Ich finde, dass Miss Lomax ein völlig normaler Name ist, und habe mich an die allgemeingültigen Wörter und Zeichen gehalten. Eine Bekannte aus der Hunderunde war besonders kreativ – mit dem Resultat, dass sie jedem, der ihren Hund betreut, ein Vokabelheft in die Hand drückt, damit man mit Bruce Willis kommunizieren kann. Doch der Boxer Bruce hat nicht nur Muskeln, sondern auch Köpfchen: Nur, wenn er will, macht er, was er soll.

Schwierig ist es natürlich, wenn der Hund nicht nur schwerhörig wird, sondern auch sehschwach oder gar blind. „Bitte nicht“, denke ich und schaue zu meiner unter dem Schreibtisch schlafenden Muse. Wie immer diktiert sie mir von diesem Platz aus, was ich tippen soll. Ich bin ja nur die Hilfskraft im Büro, um Hundeweisheit zu den Lesern zu bringen. Und das werde ich auch bleiben, wenn ihre Sinne nachlassen. Jetzt schläft sie. Und ist doch da. „Merkst du vielleicht endlich mal, dass in meinem Namen eine Oma steckt?“, höre ich in meinem Kopf. „Wie bitte?“, wundere ich mich, bis ich, Langsamkapiererin, durchblicke: Miss LOMAx. So was funkt sie mir schlafend hoch! Da wird es auch blind oder taub funktionieren – unsere Herzensverbindung pulsiert.

Bei Menschen lässt das Gehör bereits ab dem 50. Lebensjahr nach. Das liegt daran, dass die Haarzellen des Innenohrs verschleißen, sie können die Schallwellen nicht mehr so gut verarbeiten. Leider rutschen sie nicht einfach eine Station tiefer, denn auf den Zähnen könnte ich sie manchmal ganz gut gebrauchen. Oder höher: von den Beinen auf den Kopf.

Nicht alle Hörfrequenzen sind gleichermaßen beeinträchtigt. Wie oft hat mein Mann schon gerufen „Hörst du? Das musst du doch hören." Er hört Fledermäuse. Die habe ich noch nie gehört. Dafür höre ich andere Sachen, zum Beispiel das Gras wachsen.

Bei einem Hund ist es so, dass er manchmal organisch nicht beeinträchtigt ist, aber trotzdem nicht hört, weil er anderweitig beschäftigt ist, obwohl er stets eine Leitung für sein Frauchen und Herrchen freihalten soll, das rote Telefon sozusagen. Aber wenn er gerade dabei ist, einen Mäusebau zu entkernen, kann es durchaus passieren, dass er die Welt um sich herum vergisst: ein besessener Architekt, ein Workaholic. Im fortgeschrittenen Alter kann der Hund wie wir Menschen nicht mehr so viel gleichzeitig tun. Ehrlich gesagt konnten wir das auch noch nie, aber wir haben so getan, als ob. Multitasking mögen wir uns zwar wünschen, doch es funktioniert nicht. Es ist schlichtweg nicht kompatibel mit der Funktionsweise unseres Gehirns.

Multitasking ist ein Grund zum Jaulen!

Der buddelnde ältere Hund beispielsweise hat keine Ressourcen mehr für Störgeräusche wie Frauchens Rückruf. Er handelt nicht trotzig oder ungezogen, er hört wirklich nichts. Oder nur das, was er will. Und ich finde, dass es für mich allmählich Zeit ist, auch mal nichts zu hören. Ich nehme mir ein Beispiel an Miss Lomax und stelle auf Durchzug.

Hellhörig

Du sollst dies nicht und jenes nicht. Es ist verboten, dass du ... So etwas tut man nicht. Es wird nicht gern gesehen, wenn man ... Natürlich halte ich mich an die Regeln. Aber ich muss es ja nicht übertreiben. Ich muss nicht hellhörig sein!

Eine Bekannte erzählt mir seufzend, dass sie schlafraubende Schwierigkeiten hat, für eine Mitarbeiterin ein Zeugnis zu schreiben. Früher, als ich noch kein alter Hund war, hörte ich die Bitte darin: Kannst du mir eines schreiben? Ich fuhr auch andere in die Autowerkstatt, damit sie ihren Wagen abholen konnten. Ohne, dass sie mich gefragt hätten: „Ich weiß nicht, wie ich das machen soll, da kommt man nicht mit öffentlichen Verkehrsmitteln hin."

Eine Kollegin berichtet von ihrem Manuskript und dass sie an einer Stelle hängt. Eine Schreibblockade droht. Es würde ihr so guttun, wenn irgendwer die 200 Seiten, die bereits fertig sind, einmal lesen und seine Meinung dazu abgeben würde. „Das verstehe ich", sage ich. Und nur das. Ich überhöre ihre stumme Aufforderung, dass ich dieser jemand sein sollte, schnappe mir nicht das „irgendwer", denn es ist definitiv kein Wiener Würstchen, das durch die Luft fliegt, und außerdem bin ich keine Labradorin mehr. Ja, es klappt! Zu meiner großen Freude! Und ich darf das.

Denn ich habe lebenslang Aufträge erfüllt, die nicht formuliert waren, Bitten aus der Luft gegriffen. Es kann gut sein, dass die eine oder andere Fata Morgana dabei war. Schriftstellerinnen haben nun mal eine blühende Fantasie. Diese vorauseilenden Dienstleistungen waren in meinen Augen wie flirrende Altweibersommerfäden. Glitzern sie nicht schön im Sonnenlicht? Ja, und deshalb lasse ich sie ab sofort dort hängen und erfreue mich an ihrem Anblick. Ich brauche sie nicht zu pflücken. Es sei denn, ich möchte es so. Interessiert mich das Manuskript, kann ich es ja lesen. Aber nicht aus vorauseilendem „Gehörsam".

Ich habe meine Schuldigkeit getan. Zentnerweise Buchstaben geschleppt für andere, hier einen Einspruch gegen einen Bescheid verfasst, dort eine umfangreiche Korrespondenz mit einer Versicherung geführt, Briefe an fremde Familienangehörige geschrieben – „Mein lieber Sohn, ich habe nicht an deinen Fähigkeiten gezweifelt, als ich fragte, ob du dich zur Prüfung angemeldet hast", „Meine liebe Tochter, ich wollte dir nicht zu nahetreten, als ich ...". Einmal habe ich sogar einen Liebesbrief geschrieben. Absenderin und Empfänger sind seit 15 Jahren verheiratet. Für Frieden und Freude zu schreiben, macht mich glücklich.

Doch oft hat mich meine Hellhörigkeit sehr viel Zeit gekostet oder in Situationen gebracht, die unerquicklich endeten. Weil ich mich ungefragt eingemischt habe. Ich dachte vielleicht, ich könnte helfen oder etwas klären – und täuschte mich. Denn hellhörig bedeutet nicht hellsichtig. Ich mag zwar überzeugt davon gewesen sein, eine Situation richtig zu beurteilen, doch ich irrte mich – und habe das dann ausgebadet. Denn alles, was ich glaube, dass es real ist, beruht auf meiner Bewertung und meiner Interpretation. Es kann immer auch anders sein.

Mit dem Älterwerden drücke ich meine Senftube seltener auf jedes vermeintliche Stück Wurst, das sich später als Kuchen herausstellt.

Ohrstöpsel

„Hier ist Leinenpflicht", sagt ein Spaziergänger zu mir. Wir sind auf weiter Flur zu dritt. Mein Hund läuft an der Leine, wenn auch an der unsichtbaren an meinem Knie. Ich grüße freundlich in ein unfreundliches Gesicht. Hat der Mann etwas gesagt? Ich habe nichts gehört. So wie er nichts gesehen hat. Meine Ohren sind auf Durchzug gestellt.

A erzählt mir etwas von B, das auch mich am Rande betrifft. Will ich mich jetzt ärgern? Nein, das zischt so durch, kitzelt höchstens ein bisschen im Ohr, als würde mich ein Härchen streicheln.

Deshalb habe ich begonnen, meine Aufmerksamkeit, mein Hörrohr, von außen nach innen zu richten. Dazu lege ich mich gern auf den Boden. Ich atme einige Male und dann horche ich in mich hinein. Schon gurgelt es los: „Hallo Frauchen", sagt mein Bauch. Wir unterhalten uns eine Weile, nicht selten legt sich Miss Lomax neben mich, und dann blubbert es bei ihr auch. Ich lausche und spüre, wie ich mich immer mehr entspanne. Nach einer solchen kurzen Pause fühle ich mich erfrischt und erquickt, und nicht selten mache ich danach etwas anderes als ursprünglich beabsichtigt. Die Pause hat mich zur Vernunft gebracht.

Beim Älterwerden empfiehlt es sich, das Hörrohr von außen nach innen zu richten!

Ich will nicht mehr alles von außen in mich hineinlassen. Ich wähle aus. Es ist schon genug eingedrungen in all den Jahren und Jahrzehnten. Jetzt darf ich auf Durchzug stellen. Ich darf mir aussuchen, wann ich hellhörig sein möchte – wenn meine Liebsten mir verschlüsselte Botschaften schicken –, und wann ich meine Ohren verschließe. Denn alles, was ich passieren lasse, geht in mich hinein. Ich kann es nicht verdauen wie eine zu fette Speise. Es setzt sich in meinem Gehirn ab und beeinflusst, was ich denke und fühle. Das wiederum beeinflusst, wie ich die Welt sehe. Wird sie wirklich immer schlechter, immer schlimmer, immer kälter, immer rücksichtsloser? Oder ist es unser Nachrichtenkonsum, der uns diesen Eindruck vermittelt? Das birgt die Gefahr, dass ich mich abwende, zurückziehe. Also nicht automatisch die Ohren auf- oder zumache, sondern entscheide: Womit will ich mich befassen? Das richtige Maß finden, die richtige Lautstärke wählen. Denn wenn es dauernd zu laut ist, werde ich irgendwann taub, das heißt auch: hartfühlig. Ich höre die Feinheiten nicht mehr, die das Leben so zauberhaft machen.

Entdecken Sie Ihre magischen Ohrstöpsel, mit denen Sie die hektische Außenwelt auf Abstand halten können!

Sie brauchen keine Angst zu haben, dann etwas zu verpassen. Wenn es dringend ist, wird der Ruf noch mal erklingen, so wie all die Herrchen und Frauchen an Wiesen stehen und rufen: „Meister Propper!" „007!" „Ferrari!" Die kommen natürlich nicht. Meister Propper ist mit Putzen beschäftigt, 007 schnüffelt und von Ferrari sieht man nur noch die Auspufffahne.

Wie regeln das eigentlich Hunde, diese Meister des Horchens? Wie halten sie es aus in unserer lauten Welt? Wieso laufen sie bei einem Open-Air-Konzert schwanzwedelnd und gut gelaunt durch die Reihen?

Nun, sie besitzen die Fähigkeit, selektiv zu hören. Sie beherrschen, was ich gerne lernen würde. Hunde suchen sich aus, was sie wahrnehmen wollen, können Geräusche nach Bedarf so behandeln, wie sie vor Geschäften gebeten werden: „Wir müssen leider draußen bleiben." Was für eine beneidenswerte Eigenschaft, die ich täglich bei Miss Lomax bewundere. Ich telefoniere laut, die Waschmaschine läuft, der Nachbar mäht Rasen – und dann öffne ich die Kellertür, was kaum ein Geräusch verursacht. Der Hundekopf schnellt nach oben. Denn dort unten lagern ihre Delikatessen. Hellwach beobachtet sie mich oder läuft sogar zur Kellertreppe, steht schwanzwedelnd am Absatz. Ob ich ihr was mitbringe? Nein? Na gut, dann eben nicht. Sie trollt sich auf ihr Fell und ist sofort wieder eingeschlafen, trotz des Lärms der nun schleudernden Waschmaschine, den sie als Hund sogar lauter hört als wir Menschen. Wie laut genau, das hängt von der Ohranatomie des Hundes ab. Man unterscheidet zwischen Steh-, Kipp- und Hängeohren. Abstehende Ohren oder angewachsene Ohrläppchen wie beim Menschen kommen nicht vor. Und während nur manche Zweibeiner mit ihren Ohren wackeln können, gehört das bei Hunden zur Grundausstattung. Meistens können sie ihre Ohren um 180 Grad drehen und wissen genau, aus welcher Richtung ein Geräusch kommt. Die Ohrposition sagt auch viel über die Stimmung des Hundes aus, ja, sie verändert sogar seinen Gesichtsausdruck. Vielleicht ist es eine Art Lächeln, mit der er Wachsamkeit, Freude, Spiellaune, Neugier, Müdigkeit zum Ausdruck bringt. Bei Kummer hängen eben nicht die Mundwinkel, sondern die Ohren.

Aber egal, wo die Ohren sich befinden: Hunde hören deutlich mehr Töne als wir Menschen. Unser hörbarer Frequenzbereich liegt zwischen 20 und 20.000 Hertz, der der Fellnasen zwischen 15 und 50.000 Hertz. Doch auch wenn ein Hund Geräusche ausblenden kann, sollte man ihn nicht unter Dauerbeschallung stellen, da er die

Geräusche lauter wahrnimmt als wir Menschen. Ein herkömmlicher Staubsauger bringt es auf 65 bis 90 Dezibel. Das ist ein anderes Rauschen als im Wald, das von unhörbar bis etwa 20 Dezibel reicht.

Dunkelhörig

Niemand möchte schwerhörig sein und schon gar nicht taub – leider ist beides häufig die Pforte zur Depression. Wir nehmen hörend mehr am Leben teil als sehend, denn hören können wir rundherum, sehen nur, was sich vor unseren Augen abspielt. Wenn das Gehör nachlässt, kann man heute dank modernster Technik noch sehr viel an Gehörleistung retten. Je größer der Geldbeutel, desto kleiner die Hilfsmittel, die individuell angepasst werden – sogar im Ohr versteckt, damit es keiner merkt.

Keine Fachleute brauchen wir hingegen zum Justieren unseres selektiven Gehörs. Diese Pegel können wir selbst regeln. Wo wollen wir leiser drehen, wo auf *Mute* schalten, wo ausklingen lassen und wo die Pausentaste drücken? Und was würden wir gern aufnehmen? Wo wünschen wir uns mehr beruhigende Bässe und weniger schrille Höhen? Wie sieht hier die Balance beim Älterwerden aus? In welcher Geräuschkulisse wollen wir die nächsten Jahre verbringen? Und: Welche Inhalte wollen wir in uns einlassen? Eine kluge Auswahl ist wie der berühmte Stein, der ins Wasser fällt: Seine Wellen durchdringen uns mit guter Energie.

Das Fatale ist, dass wir zumeist nicht merken, wie wir uns „vergiften", wenn wir uns ständig mit Themen befassen, die uns runterziehen. Sie besetzen uns regelrecht. Es scheint nichts anderes zu geben. Das ist ein Irrtum. Es gibt immer auch eine andere Seite, sowohl visuell als auch akustisch. Wir können wählen zwischen Ton und Misston, Harmonie und Disharmonie. Ein gelungenes Musikstück, ein interessantes Bild, eine spannende Geschichte besteht niemals nur aus Schwarz oder Weiß. Es ist die Mischung, die es macht. Im Lauf des Lebens hat sich vielleicht unser Geschmack verändert. Manchmal haben wir das gar nicht gemerkt, weil wir automatisch das aufgelegt haben, wofür wir uns in der Jugend begeistert haben. Gefällt es uns noch? Muss ja, denn es bedeutet, dass wir jung sind?

Ich habe immer sehr gern Funk, Jazzrock, Rock gehört. Darauf hatte ich mich eingegroovt. Mit den Jahren habe ich weniger Musik gehört, doch wenn, dann das. Nun habe ich durch Zufall etwas entdeckt, das mich früher nicht berührt hätte. „Warum kenne ich das nicht?“, habe ich mich fast ein bisschen vorwurfsvoll gefragt, weil es solch ein Hörgenuss ist.

Nun, ich konnte es nicht kennen, weil meine Ohren nicht offen dafür waren. Ich musste sie zunächst einmal gründlich lüften und dann neu ausrichten. Erst dann zog diese Musik in meine Hörmuscheln ein, in der zwar keine neuen Härchen gewachsen sind, aber ein bisschen Gras. Denn seit ich das Gras in anderen Gärten nicht mehr wachsen hören will, sprießt es bei mir, und das genieße ich sehr. In der Stille erblüht hin und wieder ein Blümchen.

Für mich war es eine bereichernde Erfahrung, diesen Schritt von der Außen- in die Innenwelt zu tun, ohne mich abzuwenden, ganz im Gegenteil. Meine Hinwendung ist entschieden und aufrichtig, weil ich sie bewusst wähle. Miss Lomax zeigt mir Tag für Tag, wie so etwas möglich ist mit ihrer Fähigkeit des selektiven Hörens. Von meinem Hund inspiriert, habe ich beschlossen, dass meine Ohren im Alter nicht nur größer werden sollen, sondern schlapp wie die meiner vierbeinigen Freundin. Diese Lappen lege ich mir dann vor die Ohren, darauf steht: „Kein Kommentar.“ Oder ich lüfte und stelle auf Durchzug. Und dann wieder höre ich sehr genau zu und erfreue mich an meiner Fähigkeit, das Gras wachsen zu hören. Was sich verändert hat: Ich höre es nur noch wachsen, wenn ich das will. Fremdes Kraut wuchert mir nicht mehr mein eigenes Leben zu.

Mein neues Hören tut mir unendlich gut in dieser Zeit, die so laut und oft geradezu schrill ist – überall wird geredet, überall läuft Musik. Stille fehlt. Und selbst wenn es annähernd still ist, zum Beispiel beim Spazierengehen mit meinem Hund, entdecke ich meistens „artfremde“ Geräusche. Aber immer wieder gibt es Lücken. Und wenn ich keine finde, lausche ich nach innen. Ich würde behaupten, dass man nicht nur mit dem Herzen sieht, sondern auch hört.

Nicht das Älterwerden ist ein Grund zum Jaulen, sondern wenn wir die vielen Tonarten unserer Lebenssinfonie überhören.

Die 7. Weisheit: Die Klügeren machen es sich bequem

Genau genommen hat mein Älterwerden mit dem Einzug eines Welpen begonnen. Miss Lomax hat mich von Anfang an auf die Erde geholt. Dazu musste ich allerdings von meinem Thron herabsteigen, also meine Schuhe ausziehen beziehungsweise meine Absätze.

Bevor ich mit Hunden lebte, habe ich gern Schuhe mit Absatz getragen. Besonders Stiefeletten hatten es mir angetan. Ich wohnte in der Stadt und liebte den Klang der Stöckel auf dem Trottoir. Dann zog ich aufs Land und die Stöckel versanken im Acker. Mein erster Welpe wetzte seine Zähne daran – eine wegweisende Ansage. Folgsam kaufte ich flache Schuhe, an bequem dachte ich damals noch nicht und an gesund oder modisch sowieso nicht. Doch beide Schuhe zog ich mir an, wie sich herausstellte, denn auf einmal war flach auch in der Stadt modern, mein Hund also kein Setter, sondern Trendsetter. Vermutlich startete hier mein Kurs im Älterwerden. Staunend nahm ich wahr, wie bequem die neuen Treter waren. Es folgte der Rest vom Körper: wetterfeste Kleidung statt taillierter Jacke, mit der und mit Schirm man schnell vom Auto irgendwohin stöckeln kann. Stattdessen längere Jacken mit Kapuzen und vielen Taschen, um all die Hundeaccessoires wie Spielzeug und Leckerlis unterzubringen. Kurz: Ich sattelte um von Handtasche auf Kotbeutel.

Manchmal, wenn ich des Hundes Hinterlassenschaften eintüte und es nötig habe, stelle ich mir vor, dass ich damit auch schlechte Laune oder Ärger oder was auch immer ausgeschieden gehört, mit hineinpacke. Ab in die Tonne und wedelnd weiter!

Auch meine Freundinnen verabschiedeten sich nach und nach von den Lieblingsfeinden ihrer Orthopäden, ihren High Heels, nicht selten aus Altersgründen. Über Nacht schrumpften sie um 10 bis 20 Zentimeter, warfen sozusagen ihre Raketenantriebsstufen ab. Wegen der Bänder, Knie, Hüften. Man will ja, dass das Fahrgestell noch eine Weile hält, und entscheidet sich deshalb für eine schonendere Gangart. Hinzu kommt, dass Füße, die viele Kilometer draufhaben, dazu neigen, in die Breite zu gehen. Es ist deprimierend, vor der Wahl zu stehen, sich die Fersen abzuhacken, um in die High Heels von vorgestern zu passen oder sich einzugestehen, dass Märchen nur in einem gewissen Lebensalter wahr sind.

Heute hauen Turnschuhe zum Businessdress keinen mehr von den Socken, Sneaker sind Büroalltag. Seit einiger Zeit erregt auch niemand mehr Aufsehen, der barfuß geht. Wieder ein Trend, den Hunde setzten. Wenn ich es sehr eilig habe, ziehe ich manchmal die Schuhe aus, um mein Tempo zu drosseln, was dann automatisch geschieht. Für den Sommer suchte ich bequeme Sandalen und landete in einem Geschäft für Berg- und Gesundheitsschuhe, au weia. Aber wie meinte schon Ingrid Bergmann: „Alt werden ist wie Bergsteigen: Sie kommen ein wenig außer Atem, aber die Aussicht ist viel besser."

Die Verkäuferin in dem Au-weia-Laden sah so aus, wie ich mir das für ein solches Etablissement vorgestellt hatte: grauhaarig, Dauerwelle, Tante-Erna-Oberarme. Ich glaube nicht, dass ich das erklären muss. Immer diese Vorurteile. Als Hund wäre ich frei davon, aber ich bin ja noch am Lernen. Tante Erna hörte sich meine Vorstellungen an und reichte mir ein Paar hässlicher Schuhe. Nur wegen eines *Will-to-please*-Anfalls zog ich sie an. Und staunte: Nicht bloß meine Füße versanken in einem Bett, es reichte bis zum Kopf. Dass man so bequem stehen, ja sogar gehen kann! Aber die Optik!

„Gibt es die auch in einer anderen Farbe als beige, braun, grau oder creme?", erkundigte ich mich. Tante Erna seufzte, suchte in einem Katalog, beim Umblättern benetzte sie ihren Zeigefinger an der Zunge und bestellte dann welche in Rot. Ich kaufte in den letzten Jahren einige Male in ihrem Bioladen für Füße und mittlerweile gibt es viele Farben dort. Und einen Computer für Tante Erna, die in Wirklichkeit Kalinka heißt, wie ich heute weiß, womit meine ganze Legende in sich zusammengefallen ist. Immer diese Vorurteile! Sie beginnen im Kopf und reichen bis zu den Füßen.

Bequeme Schuhe machen jeden Grund zum Jaulen platt.

Komfortzone

Als ich von Fuß bis Kopf allwettertauglich für das Leben mit Hund ausgestattet war, dehnte ich diese phänomenale Erfahrung des Wohlfühlens auf andere Bereiche aus. Ich besorgte ein neues Sofa, wenngleich es mir sehr schwerfiel, mich von meinem alten zu trennen. Das war so wunderbar stylisch, aber eben auch ziemlich unbequem. Das neue nun lädt nicht nur zum Verweilen ein, es scheint auch Saugnäpfe ausfahren zu können, vor allem, wenn der Hund mit drauf liegt. Gibt es einen schöneren Platz auf der Welt? Ich muss allerdings gestehen, dass mein Platz begrenzt ist und immer kleiner wird. Denn lag der Hund anfangs nur auf einem Drittel des Sofas auf seiner Kuscheldecke, begann er sich zentimeterweise vorzuarbeiten, streckte sich immer mehr aus. Mittlerweile sind wir bei zwei zu einem Drittel zu seinen Gunsten, und das Ende der Vorhangstange ist noch nicht erreicht.

Als Nächstes überlegte ich mir die Sache mit meinem Fahrrad. Meines war hübsch, lila und pink, hochwertig, vor einem Vierteljahrhundert ziemlich teuer und noch dazu ein Geschenk eines lieben Menschen, der nicht mehr Fahrradfahren kann, denn ich habe mal gehört, das machen die im Himmel nicht. Doch leider waren Lenker und Sitz ungefedert und der Fahrradreparaturist sagte, da könne man nichts machen, ich solle mir ein neues Rad kaufen. Es dauerte fünf Jahre, bis ich dem Rat folgte und mich dann fragte, warum ich so lange damit gewartet hatte. Nun gut, aus Treue zu meinem verstorbenen Freund, aber der hätte bestimmt nicht gewollt, dass es mir die Bandscheiben und Handgelenke durchrüttelt.

Ich könnte noch viele andere Gegenstände aufzählen, die ich ersetzt habe, seit ein Hund mir die Augen geöffnet hat. Es kommt nicht nur darauf an, wie etwas aussieht. Sondern immer mehr darauf, wie es sich anfühlt. Und es darf auch bequem sein.

Ab einem gewissen Alter darf es sogar bequemer sein, als es gut aussieht.

Die Optik meiner Habseligkeiten sagt überhaupt nichts darüber aus, wie alt ich bin oder wer ich bin oder was ich kann. Was für mich allerdings immer wichtig ist: die Farbe. Bei mir soll alles schön bunt sein. Zur Not male ich es an. Und wenn noch ein paar Jahre ins Land ziehen und ich von bequem zu funktional wechsle, dann habe ich hoffentlich verstanden, dass Hilfsmittel kein Fluch sind, sondern ein Segen. Vielleicht habe ich bis dahin häkeln gelernt und mache es wie meine Nachbarin, die mittlerweile tatsächlich vom Treppenlift aus ihren Flur umgarnt hat. In einem Alter jenseits der 80 darf man alles, behaupte ich, und wünsche mir, dass ich es schon ein bisschen früher ausprobiere.

Sofaimpressionen

Eigentlich sollte ich zu einer Vernissage. Ich hatte es mir wirklich vorgenommen. Die Malerin ist eine Bekannte. Aber es regnete und war schon dunkel und gerade soooo gemütlich mit dem Hund auf dem Sofa, das seine Saugnäpfe in XXXL ausgefahren hatte. Pflichtbewusst stand ich trotzdem auf. Verwundert betrachtete mich der Hund. „Wo willst du hin? Jetzt? Spinnst du?“ Das las ich in seinem Blick. „Ja“, gab ich zu und sagte die Wahrheit. „Ich will überhaupt nirgendwohin. Ich will dableiben.“ Der Hund grunzte und legte seine Backe schmatzend in einen Saugnapf – dann ist ja alles gut.

Nein, nichts war gut. Es war zwar ein arbeitsreicher Tag gewesen, doch ich hatte zugesagt, dass ich zur Vernissage komme – zumindest höchstwahrscheinlich. Was mich aber nicht wirklich freisprach, denn ich fühlte mich verpflichtet. Es war schließlich die erste Vernissage der Malerin.

„Ihre Bilder kenne ich schon aus dem Atelier“, begann ich mich zu entschuldigen, weil alles in mir sich dagegen sträubte, jetzt aufzustehen, umziehen, dann raus in die Kälte, ins Auto, in die Stadt fahren, Parkplatz suchen und mit fremden Menschen reden. Mir war so unbedingt und sehnsüchtig nach Stillsein auf dem Sofa und dabei dem Schmatzen der Saugnäpfe zu lauschen.

Wenn ich das tun würde, wäre ich dann nicht nur unzuverlässig und unhöflich, sondern auch noch alt? Alte Leute verlassen das Haus abends ungern. Früher hatte ich das für einen Witz gehalten, aber es ist wirklich so. Seit ich 50 bin, fällt mir das auf. Man bleibt werktags abends zunehmend am liebsten zu Hause. Ich wollte nicht alt sein. Und ich wollte auf meine innere Stimme hören. Aber war es die richtige? War es die, die mir Gutes riet, oder der innere Schweinehund, der Kreide gefressen hatte und sich als meine gute innere Stimme ausgab?

Außerdem rechnete meine Bekannte mit mir. Aber lebte ich für die Rechnungen von Bekannten oder auf meine eigene? Es ging auch nicht um eine private Essenseinladung im kleinen Kreis in einer Wohnung, sondern um eine öffentliche Veranstaltung. War es fair, dort übel gelaunt zu erscheinen? Gegen meinen Willen hingezwungen? Nein, das wäre albern und kindisch, schließlich war ich erwachsen, auch wenn ich das hin und wieder zu vergessen scheine. Ich muss nicht artig sein!

„Also entweder ich gehe gern hin oder gar nicht", erklärte ich dem Hund. Der versank noch tiefer im Saugnapf. Ich sinnierte weiter: Vielleicht würde ich morgen froh sein, wenn ich hingegangen wäre. Vielleicht würde es ein supertoller Abend. Ich war noch nicht bei allzu vielen Vernissagen in meinem Leben. Muss man mitnehmen? Oder kann man bleiben lassen? Ich könnte Kopfweh vorschützen. Nein, so etwas mache ich nicht. Ich könnte meiner Bekannten ehrlich mitteilen, dass ich mich nicht aufraffen konnte. Nein, das brachte ich nicht über die Lippen, ich war doch keine Langweilerin, die lieber auf dem Sofa hocken blieb, als zu einer Vernissage zu gehen! Ein

Blick auf die Uhr zeigte mir, dass ich mich entscheiden musste, und zwar innerhalb der nächsten drei Minuten.

Miss Lomax musterte mich mit dem berühmten Hundeblick. Für diese erfolgreiche Manipulation des Zweibeiners ist Hunden im Laufe der Evolution ein Extramuskel gewachsen: der Augenbrauenheber. Wölfe kommen ohne aus, aber sie sind ja nicht interessiert an Kooperation mit Menschen. Man hat sogar herausgefunden, dass im Tierheim Hunde mit sehr aktivem Augenbrauenheber schneller ein Zuhause finden. Und ich wollte in meinem Zuhause bleiben, obwohl ich willentlich leider nur beide Augenbrauen gleichzeitig heben kann.

„Du hast recht", sagte ich zu Miss Lomax. „Es ist überhaupt kein Wetter, um einen Hund vor die Tür zu jagen und erst recht nicht das unbefellte andere Ende der Leine." Ich zückte mein Handy und schrieb meiner Bekannten die Wahrheit: dass ich auf dem Sofa festgeklebt war und nicht runterkam. Wenige Sekunden darauf schickte sie mir einen Daumen nach oben. „Gimme five", sagte ich zu Miss Lomax. Träge klatschte sie mich ab. Ich ließ mich zurücksinken, die Saugnäpfe umschmatzten mich, und ich klatschte mir selbst Beifall.

Bequem ist keine Frage des Alters, sondern der Vernunft.

Nach einer Weile fragte ich mich allerdings kritisch, ob ich auf dieses Okay meiner Bekannten angewiesen war. Was blieb ihr auch anderes übrig? Sie konnte mich ja nicht zwingen zu kommen.

„Ja, ja, versau es dir nur", spielte ich Bauchrednerin für meinen Hund. Der ignorierte mich nun. Das Theater war ihm einfach zu blöd. „Wenn du dableibst, dann bleib gefälligst richtig da. Oder geh. Immer diese halben Sachen", hörte ich ihn denken. „Ich habe halt nur zwei Beine, nicht vier“, murmelte ich und musste an Benjamin Franklin denken: „Der unzufriedene Mensch findet keinen bequemen Stuhl.“ Ich hatte ja viel mehr: ein ganzes Sofa. Okay, ein Drittel. Es steckte noch immer eine Labradorin in mir, und manchmal drehte sie eine Ehrenrunde mit ihrem *will to please*. Ich bin halt ein netter Mensch. Aber was das Nettsein zu mir selbst betrifft, da ist noch Luft nach oben. Jetzt ist die richtige Zeit dafür, diese Höhen des Wohlbefindens zu erkunden. Miss Lomax, eine Meisterin der Bequemlichkeit und Selbstfürsorge, lehrt mich jeden Tag, dass es im Grunde genommen ganz einfach ist. Man braucht nichts dafür zu tun, man braucht das Tun bloß zu lassen. Und es sich gemütlich machen.

Hundehüttenromantik

Es gibt Menschen, die können gemütlich von Haus aus. Deren Wohnungen sehen auch so aus: Kissen, Krimskrams, Nippes und Saugnäpfe zuhauf. Manchmal erzählen mir Frauen, wie sie „herrrrrrlich gemüüüüüütlich“ – das klingt wie endlos – sie es sich am Wochenende gemacht hätten mit einem „schöööööönen Buch“ und „Teeeeeeee und lecker Lieblingskeksen“. Ich habe bis heute noch keinen Platz im Haus gefunden, an dem ich es lesend länger als eine halbe Stunde aushalte, außer im Bett, und das auch nur manchmal, weil ich viel zu schnell einschlafe. Irgendwie ist da bei mir was schief gewickelt mit der Gemütlichkeit. Doch als lernbegierige Schülerin meiner Meisterin will ich das ändern.

Wenn Miss Lomax sich in ihrem Kissen räkelt, den Kopf tief ins Schaffell reibt, wenn sie behaglich grunzt, sich mal auf den Bauch dreht und zurück, dabei grinsend die Zähne zeigt, so tief seufzt, dass das Wohlbefinden greifbar wird, dann denke ich: Hund müsste ich sein. Die können das. Die lassen sich da einfach reinfallen und wälzen sich auch noch drin. Vielleicht liegt das Geheimnis von gemütlich in der Erkenntnis, dass es gerade nichts Besseres gibt. Nirgends ist es schöner als hier. Und zwar genau jetzt. Ich versäume nichts, höchstens mich selbst.

Gemütlichkeit ist die Kunst, zur richtigen Zeit am richtigen Ort zu sein.

Also versuche ich es auf meine, auf Menschenart: zünde drei Kerzen an, mache mir eine Wärmflasche und schööööööööönen Teeeeeeeee und beginne zu lesen. Bald schon springt der Hund aufs Sofa, diesmal war ich zuerst da und falte mich nicht klein, er legt sich an meine Seite, den Kopf auf meinem Bein. Wir schnaufen tief durch. Und später wache ich auf und ärgere mich ein bisschen. So war das nicht geplant. Ich wollte ein Buch lesen, kein Nickerchen machen. Kurz spüre ich den Impuls, aufzuspringen und irgendwas zu machen. Miss Lomax reckt und streckt sich, dreht sich mehrfach im Kreis und lässt sich mit einem dumpfen Seufzen wieder fallen. Aha, so geht das. Man gibt nicht so schnell auf. Man bleibt dabei. Sitzfleisch habe ich als Autorin ausreichend, also wird da gewiss Liegefleisch hinzuwachsen, zumal unter der Obhut einer so erfahrenen Entspannungsexpertin.

Ausruhen ist nicht langweilig, sondern Kräfte sammeln für später.

Wie oft verpasse ich Gemütlichkeit, weil ich denke: Geht schon.

Ja, geht schon, aber wenn ich die Kerze angezündet hätte, wäre es schöner gewesen.

Ja, geht schon, aber hätte ich ein Kissen geholt, wäre es bequemer gewesen.

Ja, geht schon, aber ich hätte das Essen auch in der Pfanne anstatt in der Mikrowelle wärmen können. Und eine Serviette neben den Teller legen.

Ja, geht schon, aber ein Schaumbad wäre bestimmt fein gewesen nach dem Gassigehen im kalten Regen.

Ja, das ist halt blöd gelaufen, aber ich hätte das unerfreuliche Telefonat auch nach fünf Minuten beenden können, anstatt mir 20 Minuten lang immer dieselbe Leier anzuhören. Oder das Gespräch erst gar nicht annehmen.

Ja, geht schon, aber mit Decke wäre es kuscheliger gewesen.

Es mag Menschen geben, die das einfach können. Die mit einem Pfund Selbstfürsorge zur Welt gekommen sind. Für alle anderen wie mich braucht es wohl einen Hund, der uns das lehrt.

Kachelofenphilosophie

Früher war ich regelmäßig im Skiurlaub in einem Tal in Österreich, wo ich in einem 400 Jahre alten Bauernhaus mit Familienanschluss wohnte. Gegessen wurde in der Stube nahe am Kachelofen. Nach dem Essen setzten sich die Bauersleute mit ihren Kindern auf die Ofenbank. Es sah zum Schreien gemütlich aus. Und es war unerhört, denn sie sprachen kaum miteinander, schauten bloß freundlich vor sich hin. Das konnte ich kaum aushalten. Was machten die da? Ich fragte sie.

„Nichts“, wurde mir beschieden.

„Und was denkt ihr so?", erkundigte ich mich unhöflich.

„Nichts."

Damals wusste ich noch nicht, dass ich quasi bei Erleuchteten logierte, und fragte abermals nach. Man sagte mir, dass man es genieße, keine Arbeit zu haben.

Wie soll man das auch anders genießen als indem man nicht arbeitet, indem man es sich gemütlich macht! Seit Jahrzehnten versuche ich das ebenfalls. Es ist mir selten gelungen, aber seit mich Miss Lomax unter ihre Flanken genommen hat, bin ich zuversichtlich. Ich schaue jetzt öfter in die Wolken, so wie ich es als Kind getan habe. Manchmal fallen mir zweizeilige Gedichte ein wie neulich nach dem Regen, als ein Vogel sang:

Amselschrei
Regen vorbei

Ich sammle Steine am Strand. Hin und wieder bringe ich vom Spaziergang mit dem Hund sogar ein Fundstück mit. Buntes Laub, einen kurios gewachsenen Ast, ein paar Wiesenblumen. Das Leben ist schön.

Wenn du dich gerade für nichts zu entscheiden hast, entscheide dich für Selbstvorsorge. Wenn es gerade keine Arbeit gibt, suche nicht danach. Entscheide dich für dich selbst.

Die 8. Weisheit: Vergessen macht frei

Ich war mit einem älteren Ehepaar beim Essen. Korrektur: So richtig viel älter als ich waren sie gar nicht. Aber das merke ich oft erst im Nachhinein. Manchmal sind die Älteren sogar jünger als ich. Das ist jedes Mal ein kleiner Schock, vor allem bei Ärzten. Bei meinem Treffen mit dem mutmaßlich jüngeren Ehepaar fielen Wörter wie „der Dingsbums" und „na, du weißt schon" am häufigsten. „Das war doch, wie der Dingsbums mit dem anderen, mit dem, na, du weißt schon, und wo wir dann ..."

An Namensamnesie leide ich, soweit ich mich erinnere, schon immer. Auch mit Gesichtern habe ich Probleme. Was ich mir jedoch merken kann – leider –, das sind Inhalte, also was mir Leute erzählt haben. Wenn mir vor 30 Jahren ein Dingsbums, an dessen Gesicht ich mich nicht erinnere, erzählte, dass sein Großonkel eine Warze am Ohr hat, dann weiß ich das heute noch. Und solche Sachen fallen mir auch zwischendurch ein. Oder jetzt gerade – ich schreibe sie sogar auf.

In letzter Zeit frage ich mich, warum ich meine Festplatte mit so viel unnützem Zeug beladen muss. Die Wissenschaft erklärt es mir: Weil ich es eben abgespeichert habe. Aber warum das und nicht etwas anderes? Walfisch statt Warze, zum Beispiel. Nun gut, ein Walfisch im Gesicht wäre in der Tat einen Speicherplatz wert, von dem es im Lauf des Lebens immer weniger gibt. Das Hirn ist auch nur ein Computer. Irgendwann ist es voll und deshalb dauert das Suchen nach dem Dingsbums so lang. Und bleibt manchmal erfolglos.

Ich hätte so gern ein fotografisches Gedächtnis. Dann wüsste ich alles, was ich jemals gelesen habe, ohne dass sich mein Kopf sichtbar verändert. Denn wenn ich mir vorstelle, alle Bücher wären da drin – ich weiß nicht, welche Regalform mein Gesicht dann hätte.

Neulich sagte eine Bekannte, ich müsste mir keine Sorgen machen, im Alter dement zu werden, als Schriftstellerin würde ich doch bestimmt gern Kreuzworträtsel lösen. Tatsächlich glauben viele Menschen, zur Vorbeugung von Demenz würde es genügen, hin und wieder kreuzwortzurätseln oder Vokabeln zu lernen. Nun, eine Fremdsprache hat noch keinem geschadet, um kognitiv flexibel zu bleiben, doch beim Vokabellernen und Kreuzworträtseln nehmen wir lediglich Sachinformationen auf und rufen sie ab, also Inhalte, die wir irgendwann einmal gelernt haben. Das sind jedoch nicht die Herausforderungen, die das Gehirn braucht, um neue Nervenzellen zu bilden. Dafür benötigt es Emotionen, wie wir sie zu Menschen oder eben zu Hunden entwickeln. Miss Lomax ist somit nicht nur meine Friede-, Freude-, Hundekuchen-Garantie, sondern auch noch eine Demenzvorsorge.

Hundrum Prophylaxe

In manchen Seniorenheimen gehört der Besuch von Mensch-Hunde-Teams zu den Therapiemaßnahmen, und wer sich darauf einlässt, berichtet von beeindruckenden Erfolgen. Bei der Recherche für ein Buch über Therapiehunde habe ich zahlreiche Gruppen begleitet und sehr berührende Momente erlebt. Zum Beispiel eine 90-Jährige, die angesichts eines Hundes zum ersten Mal seit einem halben Jahr sprach: „Was bist denn du für einer?", wollte sie wissen, mit einer Stimme, die klang, als würde sie in einer Prärielandschaft mit vom Wind gepeitschten Dornbüschen an einem faserigen Seil aus einem tiefen Brunnenschacht gezogen. Als sie keine Antwort bekam, plauderte sie munter weiter, erzählte von den Hunden, die sie selbst hatte – „der Rex hat sogar einen Einbrecher gestellt" – sodass dem anwesenden Pfleger das Tablett aus der Hand fiel. „Musst dich nicht erschrecken", tröstete die alte Dame den Hund. „Das ist der Lehrbua, der Flori, der kennt sich noch nicht so gut aus."

Tief bewegt verließ ich das Heim, während Flori noch immer darüber sinnierte, was mit der Frau Baumann los war: „Ich hätte die Hand dafür ins Feuer gelegt, dass die mich noch nie wahrgenommen hat." Ja, nun, Flori hatte eben nur zwei Beine.

Älterwerden ist ein Seminar in Lebenskunst.

Wie weh muss es tun, einmal einen Hund gehabt zu haben und keinen mehr halten zu können! Und wie schön ist es, dass liebe Menschen mit ihren Hunden zu Besuch kommen. Ich spielte mit dem Gedanken, die Ausbildung zur Therapiehundeführerin zu absolvieren, doch da Miss Lomax der Überzeugung ist, körperliche Berührung werde total überschätzt, und nicht gern mit Fremden kuschelt – und mit mir auch nicht allzu oft –, nahm ich wieder Abstand von dieser Laufbahn. Denn gerade das Kraulen, das Leckerligeben und Liebkosen ist enorm wichtig für die älteren Leute, die so auch einmal etwas geben, Zärtlichkeit schenken können. Im Alltag sind sie lediglich die Empfänger von körperlichen „Dienstleistungen".

Ein paar Merksätze zum Apportieren

Beim sachlichen Lernen, also bei der Faktenaufnahme, sind wir in der Regel emotional nicht beteiligt. Es ist zudem mit sehr viel weniger strukturellen Veränderungen im Gehirn verbunden, neue Nervenzellen werden nicht gebildet. Aus diesem Grund sollte man sich also mit angelesenen Sachinformationen nicht gewappnet gegen eine Demenz fühlen. Was wir emotional mit anderen teilen, wenn wir uns mitfreuen und mitleiden, wobei wir ein tiefes Interesse entwickeln, an diesen Stellen lässt uns die Erinnerung nicht so leicht im Stich, das ist gut abgespeichert. Deshalb ist es so enorm wichtig, dass ältere Menschen in sozialen Bezügen und Gruppen bleiben, sich mit anderen austauschen, ob zu Hause, im Seniorentreff, in der Kirche, in Vereinen. Hauptsache Kontakt. Und bitte nicht nur auf einen vertrauten Menschen setzen, denn damit das Gehirn aktiv bleibt und sich Nervenzellen weiter neu bilden, benötigt es mehr als eine Bezugsperson. Wenn ein Ehepaar seit Jahrzehnten verheiratet ist, führt es vermutlich selten anregende Gespräche, die zur Bildung neuer Nervenzellen motivieren. Meistens beschränken sich die Redebeiträge langjähriger Paare auf Alltägliches – „Hast du Hunger?“, „Was schauen wir im Fernsehen an?“, „Ob es später wohl noch regnet?“. Deshalb ist es so wichtig, sich gerade im Alter nicht in der Zweierkiste zu verschanzen und frischen Wind ins Hirn zu lassen! Auch das Leben allein mit einem Hund ist eine Zweierkiste, allerdings dann auf sechs Beinen. Doch wer mit einem Hund Gassi geht, kommt schnell ins Gespräch mit anderen und lernt neue Leute kennen. Bekanntschaften, vielleicht sogar Freundschaften entwickeln sich, denn Hunde wissen, dass man Artgenossen braucht, und führen ihre Menschen zu solchen.

Wo war ich stehen geblieben? Ach so, ja, die Warze am Ohr des Großonkels. Mit dieser Erinnerung habe ich sie bestimmt noch tiefer in mein Gedächtnis gegraben, denn das emotionale Lernen geht mit hoher neuronaler Veränderung, neuronaler Plastizität einher und bildet sich über unsere persönlich bedeutsamen Lebenserfahrungen. Man nennt es auch episodisches Gedächtnis, weil wir uns dabei an wichtige Ereignisse in unserem Leben erinnern. Aber ist die Warze wichtig gewesen? Wohl eher der Bekannte. Ihn werde ich mit Emotionen gekoppelt haben, und das war der Code für die Erinnerung.

Jeder Mensch erinnert sich auch nach vielen Jahren und Jahrzehnten noch an wichtige Ereignisse wie zum Beispiel das erste Mal von irgendetwas, Glücksmomente, den traurigen Verlust eines Freundes. Es geht also um gefühlsintensive Begebenheiten. So schön das auch ist, es ist auch eine Last, denn wir behalten eben nicht nur die schönen Dinge, sondern auch die schwierigen, peinlichen, verletzenden und solche, die uns Angst gemacht haben.

Dagegen verlieren Ereignisse, die nicht mit einem Gefühl verbunden waren, bald ihre Bedeutung, sie werden vergessen. Was habe ich letzten Mittwoch zum Frühstück gegessen? Mit welchem Bus bin ich früher zur Arbeit gefahren? Es ist nicht wichtig, die Erinnerung zerfällt. Aber eben nicht diese Warze. Ich glaube, sie wird immer größer. Ich hole die Lesebrille, und jetzt erkenne ich, dass darauf ein Wort steht:

Damals

Damals als du noch ein Welpe warst, sage ich zu Miss Lomax. Weißt du noch, wie du damals vom Dampfersteg in den See gesprungen bist? Erinnerst du dich noch daran, wie du ...

Nein, sie erinnert sich nicht. Miss Lomax braucht es als Vierbeiner nicht, sich gegenseitig die Verbindung miteinander zu bestätigen: „So lange kennen wir uns jetzt schon!“

Einmal im Jahr, wenn meine Schulfreundin aus London zu Besuch kommt, treffen wir uns – und reden über die alten Zeiten, als wir zwischen 13 und 17 waren. Jedes Mal denke ich, dass die irgendwann mal blass werden müssten, irgendwann müsste die Pubertätsakne doch abgeheilt sein, aber nein, meine Schulfreundin will immer wieder davon sprechen. Am Tag danach nehme ich mir vor, es beim nächsten Mal anders zu machen. In London zu leben ist doch interessant! „Ach, es ist wie hier, nur dass man englisch spricht“, behauptet sie.

Aber was bringt mir diese jährlich aufgewärmte Warze? Die Zeit ist mir zu schade, um sie mit alten Geschichten zu füllen. Das wollte ich ihr auch sagen – da erhielt ich ihre Mail, dass sie wegen eines Ohrenproblems nicht mehr fliegen könne, und Zugfahren käme wegen der Tunnel nicht infrage. Eigentlich hätte ich erleichtert sein müssen, dass unser Treffen in diesem Jahr ausfiel. Doch verrückterweise war meine erste Reaktion: Schade. Vielleicht, weil ich es in diesem Moment mit Jean Paul hielt: „Die Erinnerung ist das einzige Paradies, aus dem wir nicht vertrieben werden können.“

Miss Lomax lebt im Jetzt. Was nicht heißt, dass sie sich nicht erinnert, oh, sie erinnert sich sogar an sehr viel. Einmal an einem Ort des Grauens gewesen, will sie da nie wieder hin. Einmal an einer Stelle draußen etwas Interessantes gefunden, will sie dort immer wieder hin. Und wenn ich am Freitag ein Dummy im Wald verstecke, wird sie es am Mittwoch wiederfinden. Aber es käme ihr nicht in den Sinn, ein „Früher" zu beschwören. Je älter man wird, desto mehr früher gibt es. Die Gefahr besteht, dass man aus der Zeit kippt und sich ständig zurückerinnert. Was man gemacht hat, wie jung man war, wer man gewesen ist, was man dargestellt hat, was man alles Tolles konnte – „stell dir vor, einen Salto rückwärts!" –, wie unbeschwert, wie verrückt man war. „Weißt du noch? Ach, die gute alte Zeit." Leider verpasst man dabei die gute Zeit, die jetzt ist. Wann immer ich in Versuchung komme, einen kleinen Seufzer auszustoßen wegen irgendeines Altersflecks, wegen der verlegten Lesebrille oder des verlegten Nackens, der knackenden Knie oder der verknacksten Befindlichkeit, schaue ich meinen Hund an, der strahlend im Licht der Gegenwart steht. Und wedelt, als er merkt, dass ich ihn betrachte. „Was vermisst du, Frauchen? Du bist da, ich bin da, die Sonne scheint oder es regnet, dein Kühlschrank ist voll und mein Keller hoffentlich auch. Wo ist das Problem?"

„Es ist, weil es nicht für immer ist." „Aber jetzt ist es doch." „Aber wie lange noch?" Das weiß keiner. Nicht mal ein Hund. Das tut eben weh. „Dann lass uns was Schönes machen. Jetzt. Lass uns rausgehen!"

So hört sich eine Planung an, die Sinn ergibt. Nicht an übermorgen denken, sondern maximal ans spätere Heute. Also brauche ich mir auch keine Sorgen darüber zu machen, was werden könnte. Und der Hund hat wahrlich Besseres zu tun.

Gestern war gestern und heute ist heute und morgen wird sein, was ich heute daraus mache.

Gepiekst

Nach überstandenem Pieks füllte die Tierärztin den Impfausweis von Miss Lomax aus. „Ich klebe Ihnen einen Zettel rein“, sagte sie. „Die nächste Tollwutimpfung ist dann 2027 fällig.“

2027. Mein Hals war plötzlich wie zugeschnürt. Drei Jahre. Wird Miss Lomax dann überhaupt noch da sein? Jetzt war sie es jedenfalls, und sie hatte es eilig. Nervös wedelnd stand sie vor der Tür. Sie wollte nur eins: raus! Wenn ich ihr gesagt hätte, dass sie nie wieder eine Tollwutspritze bekommen würde, wäre sie nicht zutiefst betrübt, sondern höchst erfreut gewesen. „Mit einem kurzen Schweifwedeln kann ein Hund mehr Gefühle ausdrücken als mancher Mensch mit stundenlangem Gerede“, meinte Louis Armstrong.

Die Tierarztpraxis befindet sich nah am See, und dort gingen wir spazieren. Drei junge Hunde fetzten am Ufer entlang. Was für ein Spaß! Einige Spaziergänger beobachteten die Rabauken mit lachenden Gesichtern. Ich strahlte auch ... bis ich Miss Lomax sah, die das Treiben aufmerksam im Blick behielt, jedoch keine Anstalten machte, mitzumischen. Ein Stich in meinem Herzen – war sie zu alt zum Spielen? Aber gespielt hat sie noch nie übertrieben gern, sie war immer mehr an mir und dem Dummytraining interessiert als an Artgenossen, beruhigte ich mich. Auch ich unterhalte mich ja nicht mit jedem dahergelaufenen Zweibeiner.

Drei Jahre. Eine schwarze Wolke hatte sich über mich gesenkt. Ich war traurig für Miss Lomax, dabei war sie gar nicht traurig. Sie könnte nicht mal verstehen, was mich bedrückte. Als Hund lebt sie in einer anderen Zeitzone, im Jetzt. Ach, wie gern wäre ich dort auch mal für längere Zeit. Aber kein Flugticket kann mich hinbringen.

Nur meine Seelenflügel und Übung. Und natürlich mein Hund, der mir im Zeitraffer vorlebt, dass es vom Älterwerden bis zum Alter nur ein Flügelschlag ist.

Je früher man das Loslassen übt, desto besser.

Dieser kleine Schritt: die Tollwutspritze in drei Jahren. Sie könnte mir das Herz in der Brust zerreißen. Aber gleichzeitig findet sich genau dort das Gegenmittel, nein ein Fürmittel: die Liebe. Ich bin sogar überzeugt, dass die Liebe zum Tier uns Zweibeiner auch Liebe zu anderen Menschen lehren kann. Zu sagen, zu schreiben „Ich liebe mein Tier“, das war in meiner Jugend verpönt. Man war der Auffassung: Du kannst kein Tier lieben, weil ein Tier kein Mensch ist. Und ein Tier liebt dich nicht, es ist unfähig zur Liebe, es ist nur bei dir, weil du ihm Futter gibst. Diese Futterautomaten- und Dosenöffner-Philosophie ist bei uns zum Glück nicht mehr allzu weitverbreitet. Aber uns Futterautomaten und Dosenöffnern schadet es kein bisschen, einen Kurs in Weisheit bei unseren Gefährten zu buchen.

Es ist mir egal, ob andere mich für sonderbar halten. Ich selbst hätte mich früher bestimmt als ziemlich gaga bezeichnet, weil ich eine so enge Lebensgemeinschaft mit einem Tier habe. Doch die Zeiten haben sich geändert. In meiner Jugend hätte man sich einen Vogel gezeigt, wenn einem beispielsweise beim Tod eines Haustiers kondoliert worden wäre. Heute ist das vielleicht noch nicht normal, doch es wird zunehmend akzeptiert: Hunde sind Familienmitglieder.

In der Zeit der Pandemie, als manche Familien getrennt voneinander bleiben mussten und viele Menschen Leid erlebten, waren Haustiere sogar eine Rettung. Die Betroffenen hatten jemanden zum Reden, zum Anfassen, einen Gefährten in der Not. Zeitweise waren die Tierheime wie leergefegt. Leider brachten viele Menschen ihre Gefährten am Ende der Pandemie wieder zurück. Noch immer werden sie vor dem Gesetz als Dinge behandelt und selbst wenn es Gesetze zum Tierwohl gibt, werden diese häufig sträflich ignoriert – und das ist ein Grund zum Jaulen.

Es ist jedoch auch ein Grund zum Jaulen, wenn Menschen ihre Herzen vor Artgenossen verschließen und glauben, es zähle nur die Tierliebe. Nein, es kommt auf jede Liebe an, und wir können gar nicht genug davon haben. Heute, morgen, übermorgen.

Während der Pandemie war das, was viele Mitbürger verärgert, nämlich Hundekot, sogar das Ticket in die Freiheit. Hundebesitzer durften nach draußen. Im Internet kursierten Fotos von völlig erschöpften Hunden, die angeblich ein ganzes Haus voller Menschen Gassi geführt hatten. Wie immer diensteifrig und gutmütig, hatten sie sich als Alibi zur Verfügung gestellt.

Wenn ich mit Miss Lomax draußen bin, vergesse ich häufig das Morgen und erst recht das Übermorgen und auch das Gestern. Wenn – und darauf kommt es an – ich mich von meinem Hund ins Jetzt führen lasse.

Draußen ist immer Jetzt

Beim Spazierengehen ist die Versuchung groß, auszubüxen. Nicht der Hund, der bleibt bei mir. Ich selbst büxe aus, ich unerzogener Welpe, und schon wieder bin ich im Unterholz meines Gedankendickichts verschwunden: „Was soll ich kochen, heute und morgen, und ich darf nicht vergessen, einen Termin mit dem Sachbearbeiter zu vereinbaren und das Stempelheft für den Zahnarztbesuch nächste Woche herauszulegen, und was hat Lydia eigentlich vorhin am Telefon damit gemeint, als sie sagte: ,Das wirst du schon sehen'? War das eine Verheißung oder eine Androhung, und wieso hat sich Christoph nicht gemeldet, das wollte er doch bis gestern getan haben. Und wie beende ich mein Buch, der Schluss soll besonders schön werden und meine lieben Leserinnen und Leser zum Wedeln bringen."

Miss Lomax streunt herum, die Nase oft auf dem Boden, und nimmt wahr, was ist. Ich nehme wahr, was war, beziehungsweise meine Version davon, was sein wird, was sein könnte und nichts von dem, was tatsächlich ist. Jetzt. Wären es ausschließlich schöne Gedanken, würde ich mich damit anfreunden. Doch ich befasse mich häufig mit bohrenden Fragen wie dem Zahnarztbesuch nächste Woche und schaffe es, ein ganzes Gassigehen im Zahnarztstuhl zu verbringen! Verschenkte Lebenszeit. Verschenkte Miss-Lomax-Zeit.

Viel gesammeltes Jetzt ist geglücktes Älterwerden.

Ein Sack Flöhe ist leichter zu hüten als die Gedanken. Manchmal setzen sie mich auch in eine Zeitmaschine und wir fliegen durch die Jahre und Jahrzehnte meines Lebens und besuchen Warzen von Leuten, die ich nie kennengelernt habe. Mein Hund ist mir wie so oft ein Stück voraus. Sie findet es stets dort am interessantesten, wo sie gerade ist. So verpasst sie am wenigsten. Sorgen und Weisheit sind Gegensätze, das weiß die weise Miss Lomax, während ich noch um meine Gelassenheit ringe. Aber ein bisschen besser ist es schon geworden, seit ich meinem Hund folge. Leben kann man nicht verlängern, man kann es nur verdicken, verdichten. Und am allerdichtesten ist es stets im Jetzt. Und jetzt. Und jetzt. Und jetzt.

Hundephilo-Sofa

- Manchmal ist alles doof. Fang trotzdem an zu wedeln, so vertreibst du den Trübsinn.

- Starre niemals auf die Klinke, davon geht die Tür nicht auf. Glaube an dich und dass du selbst Türen öffnen kannst.

- Wenn es wo zwickt, beachte es nicht. Wenn es wo zwackt, hab gut auf dich Acht.

- Hör auf, wunderschöne Ehrenabzeichen wie Hamsterbacken oder Tränensäckchen zu verunglimpfen. Du hast lange dafür gearbeitet. Sei stolz auf dich!

- Auch wenn du eine Fährte verloren glaubst: Gib nicht auf, es könnte sein, dass du am Ende eine fette Wurst findest.

- Du brauchst keine Angst zu haben. Nie. Es kommt, wie es kommen wird, und besser ist es, neugierig zu schauen, ob nicht doch noch ein Leckerli vom Himmel fällt.

- Nutze jede Gelegenheit zu einem Nickerchen. So machst du dir die Welt, wie sie dir gefällt.

- An trüben Tagen: Leg dich auf einen Teppich, streck alle viere von dir und wälz dich genüsslich hin und her, bis der Teppich zu fliegen beginnt und du im Licht der Sonne landest.

- Hab dich lieb. Wenn dir das gelingt, machst du die Geschöpfe, die dir wohlgesinnt sind, wedelfroh.

Weiße weise Schnauze

Heute hat Miss Lomax Geburtstag. Das weiß sie nicht. Aber ist es wichtig? Oder wäre es wichtiger, dass ich es vergesse? In der Morgensonne spiele ich ein bisschen Dummyverstecken mit ihr, das, glaube ich, würde sie sich wünschen, wenn sie Wünsche hätte. Im Großen und Ganzen halte ich sie für wunschlos – wie weise!

Ein Jahr älter. Auch wenn es fünf oder sieben sein mögen, wenn wir uns vergleichen. Das ist der Lauf der Dinge, der Welt, unseres Lebens. Dagegen kannst du nicht anbellen.

Zehn Jahre atmen wir schon Seite an Seite. Keiner ist so oft mit mir zusammen wie du, Miss Lomax. Du kennst mich wie sonst niemand. Du riechst mich wie sonst keiner. Und du akzeptierst mich wie sonst niemand. Du nimmst mich, wie ich bin. Ob ich Porsche oder Panda fahre. Ob meine Lider schlüpfen oder ich liederlich singe, ob ich 60 oder 80 oder 100 Kilo wiege. Ob ich graue Haare habe oder grüne. Das alles spielt keine Rolle für dich. Du siehst mit dem Herzen oder mit der Nase, und ich fühle mich von dir zutiefst erkannt und verstanden. Gerade weil ich dir nichts erklären muss. Du weißt es einfach, ohne dass wir Wörter wechseln. Ich wünschte, ich könnte anderen Geschöpfen so gelassen und vorurteilsfrei, so ohne Bewertungen und Erwartungen begegnen wie du mir. Von Herz zu Herz.

Ich freue mich auf unsere Zukunft, auch wenn sie humpelt. Es war nicht einfach, doch ich habe die Arthrose, die du von Anfang an einfach hingenommen hast, nun endlich auch akzeptiert. Vielleicht war meine Auflehnung in Wirklichkeit eine gegen das Älterwerden – auch gegen mein eigenes Älterwerden. Es ist, wie es ist, das sage ich mir nun oft, und es hilft. Mein Widerstand hat sich aufgelöst in tiefe Dankbarkeit. Dass du da bist, dass ich da bin, dass wir zusammen sind in unserem Rudel mit anderen Zwei- und Vierbeinern. Unsere Familie. Dein Bewegungsradius hat sich eingeschränkt, aber meiner ehrlicherweise auch. Und wer weiß, vielleicht simulierst du nur, damit ich lerne, spazieren zu leben. Das würde ich dir zutrauen.

Mit den Jahren ist meine geistige Freiheit gewachsen. Und deswegen ist Älterwerden kein Grund zum Jaulen. Immer mehr Last fällt von meinen Schultern, ich häute mich.

Am späten Nachmittag gehen wir noch mal los, und ich setze mich auf eine Bank am Waldrand. Sofort legst du dich neben meine Füße. Eine Weile schauen wir über die hügelige Landschaft und den See. Eine Mönchsgrasmücke singt dir ein Ständchen.

Vom Jaulen bleibt ein Ja zum Älterwerden.

Ich frag nicht, wie viele Jahre noch, ich freu mich, wie schön es ist. Mit dir, meine liebe Seelengefährtin. Du hast mich so viel gelehrt von Anbeginn an und gerade auch auf diesem langen Spaziergang durch viele Seiten und Zeilenzwischenräume. Ich habe keine Angst vor dem Älterwerden, ich habe auch keine vor dem Leben. Leben bedeutet Älterwerden. Jahr für Jahr wird man in eine neue Klasse versetzt mit immer neuen Herausforderungen. Weil ich nicht sitzen bleiben will, bleibe ich nun manchmal auf einer Parkbank sitzen. Und schaue in die Wolken. Und richte mein Hörrohr nach innen.

Sitzen bleiben wäre ein Grund zum Jaulen! Parkbänke schätzen zu lernen ist ein Reifezeugnis.

Zehn. Da kann noch vieles kommen. Oder auch nicht. Das Leben ist ein Überraschungsei. Selbst wenn wir irgendwann auf zwei verschiedenen Seiten der Regenbogenbrücke stehen werden, winkend, wedelnd. Wer wohl zuerst drüben ist? Gewiss ist: Die Liebe bleibt bis zum letzten Atemzug.

Jetzt wird es mir doch ein kleines bisschen eng um die Brust, dabei hast du doch Geburtstag. Und ich weiß ganz genau, wie du mit solchen Gedankenflöhen verfahren würdest. Was macht ein Hund, wenn ihm etwas missfällt? Er schüttelt sich. Damit verlässt er eine unangenehme Situation, einen Gefühlszustand oder beendet eine Handlung und ist sofort wieder frei für das nächste Jetzt. Er trauert keiner Vergangenheit nach, bleibt in keiner Stimmung hängen – freigeschüttelt. So etwas Ähnliches habe ich einmal in einem Tanzseminar gelernt. Da hieß es Schüttelmeditation. Wusste ich's doch:

Leben mit Hund ist Meditation.

Als hätte sie meine Gedanken gelesen, springt Miss Lomax auf und schüttelt sich. „Quatsch nicht so viel rum. Weiter geht's." Diese Aufforderung entnehme ich ihrem Blick. Ich folge ihr gern. Kurz schaue ich über die Schulter – nein, da ist niemand. Und wenn da schon jemand wäre! Ich darf das. Ich darf alles. Ich bin nämlich älter. Also tu ich es einfach: Ich wackle mit dem Po und der Hund mit dem Schwanz und so laufen wir Seit an Seit: heiter weiter.